JICENG ZHILI ZHONG DE GONGGONGXING JIANGOU

# 基层治理中的公共性建构
——基于广东城乡社区的经验观察与理论阐释

吴业国 ◎ 编著

中山大学出版社
SUN YAT-SEN UNIVERSITY PRESS

·广州·

**版权所有　翻印必究**

**图书在版编目（CIP）数据**

基层治理中的公共性建构：基于广东城乡社区的经验观察与理论阐释/吴业国编著 . —广州：中山大学出版社，2021.8
ISBN 978－7－306－07275－7

Ⅰ. ①基… Ⅱ. ①吴… Ⅲ. ①地方政府—行政管理—研究—广东 Ⅳ. ①D625.65

中国版本图书馆 CIP 数据核字（2021）第 157491 号

| | |
|---|---|
| 出 版 人： | 王天琪 |
| 策划编辑： | 吕肖剑 |
| 责任编辑： | 周明恩 |
| 封面设计： | 林绵华 |
| 责任校对： | 贾艳润 |
| 责任技编： | 靳晓虹 |
| 出版发行： | 中山大学出版社 |
| 电　　话： | 编辑部 020－84111996，84113349，84111997，84110779，84110776 |
| | 发行部 020－84111998，84111981，84111160 |
| 地　　址： | 广州市新港西路 135 号 |
| 邮　　编： | 510275　　　　传　真：020－84036565 |
| 网　　址： | http://www.zsup.com.cn　　E-mail:zdcbs@mail.sysu.edu.cn |
| 印 刷 者： | 广东虎彩云印刷有限公司 |
| 规　　格： | 787mm×1092mm　　1/16　　11.25 印张　　220 千字 |
| 版次印次： | 2021 年 8 月第 1 版　　2021 年 8 月第 1 次印刷 |
| 定　　价： | 38.00 元 |

如发现本书因印装质量影响阅读，请与出版社发行部联系调换

# 序

随着2007年党的十七大"经济社会和人的全面发展"这一科学发展观的提出，社会建设和政治建设、经济建设、文化建设，构成我们党治国理政的重大战略部署，在2017年党的十九大报告中，与生态文明建设一起，形成"五位一体"总体布局，构成习近平新时代中国特色社会主义思想的重要内容。基层治理与民众社会生活紧密相连，直接关系到人民大众的幸福感和获得感。

我国从管仲（约前723—前645）相齐、确立乡里制度以来，"里"这一基层组织，即作为集权体制下地方治理的基础，在地方基层社会治理中承担着税收、治安、教化等职能，发挥着至关重要的作用。秦汉时期，里、单等基层组织在全国范围内得以建构，其职能渐次充分发挥出来，实现乡里基层组织在传统中国地方基层社会的控制功能。

唐中期以来，中国社会步入近世。在县以下的辽阔乡村社会里，出现了北宋吕氏乡约这一组织形式以及南宋江南社会里士绅这一社会阶层，成为国家与社会之间的润滑剂，弥补着州县官僚、诸曹公吏和乡都役人等正式体系的诸多不足，发挥着重要的社会治理功能。而明代王阳明（1472—1529）在赣南平定瑶乱的同时，及时编撰了《南赣乡约》，以推广乡约这一乡村自治组织，使赣南地区社会秩序快速得以恢复，民风归于淳朴。乡约也推动了民国时期阎锡山的山西村治实践。

里、单、乡约等基层社会组织的村治思想和实践，蕴含着中国宝贵的历史基层治理的组织建构、自治精神与行动指南，在成为我们国家当前社区基层治理生发土壤的同时，也蕴藏着丰富的本土经验的历史智慧。

当前，基层治理实践中核心的问题在于，内生性障碍的存在影响到基层社区治理的现代转型，所以要在国家财政上实行财政转移支付，以公共财政预算投入的方式努力构建起城乡社区的公共性价值。这需要公共空间的建构和公共精神的涵养，以内生地塑造当代中国的公共精神，破解城镇化带来社会组织碎片化和公众参与热情不高等障碍和问题，否则，势必影响公共部门社会政策议程的设置和公共决策的科学制定，也会使城乡基层自治的持续性、科学性、有效性大打折扣。

作为改革开放前沿的广东，对城乡社区治理中呈现出的各种新问题进行了有益的探索。如新乡贤、理事会、互助会等主体在基层治理中的职能发挥、社工队伍服务于基层社会的专业治理，而处于传统制度文化奠基的秦汉时期的里的自组织与社区营造，对当代社区基层治理均具有宝贵的借鉴价值。当然，社区治理实践，离不开居民这一主体，其对公共事务能否报以热情，以实现对公共利益的孜孜追求，则是现代社区公共性建构成效的一个重要标尺。

习近平总书记多次强调："社会治理的重心必须落到城乡社区，社区服务和管理能力强，社会治理的基础就实。"社区是城乡社会管理的基层自治组织，是国家施行基层社会服务的重要领域。改革开放后，市场经济蓬勃发展，在住房商品化和单位制社区衰减的共同作用下，社区居民居住结构的碎片化和居民生活的原子化特征日益明显。作为当下城乡居民生活的社区，社区关系网络松散、公共精神匮乏、人际关系淡漠、居民社区意识淡薄，社区公共事务参与率低，难以展开集体行动，社区陷入持续"个性化"的困境，造成社区营造的两难境地。

为打造新时代共建共治共享的社会治理格局，基层社区治理需要突破城乡社区行政化管理的思维模式，发动各方组织力量，推动社区公共性价值的营造，构建起社区治理的秩序基础，实现社区治理的功能转向。总而言之，社区建设是社会治理的重要手段，城乡基层社区的有效治理是社会治理中根本性的问题，对社会稳定和国家发展有着重要意义。

以上构成了本书的写作缘起、核心内容和研究旨趣。需要说明的是，本书一些章节来自笔者近年来一些研究生的研究选题。这些研究生是朱晓纯、解东、黄婧妍、张丹凤、陈增瑜，师生之间围绕着古今基层社会治理的主体、职能、结构、机制等关涉的诸多问题进行了持续性的探索，共同为本书稿贡献了我们的智慧。书稿在撰写过程中参阅了学术界诸多研究成果，均一一作了标注。然学力所限，或有遗漏，不当之处，敬请学界同仁教正。

本书的出版得到了中山大学出版社吕肖剑先生的大力支持。承蒙其多方督促，方得及时交稿并出版。特致谢忱！

本书的出版承蒙广东省科技厅2016年软科学项目（编号：2016A0700705012）、2020年广东省高等教育教学改革项目（编号：C9213044）、华南理工大学2021年度人民政协理论研究课题（编号：N6211110）、华南理工大学"双一流"大学建设经费（编号：D6190200）及公共管理学院学科建设经费（编号：K5191360）等资助，让我们师生孜孜不倦于探索和写作过程。

# 目　　录

**第一章　绪　论** ………………………………………………………… 1
　　第一节　问题缘起与研究意义 ………………………………………… 1
　　第二节　理论基础与文献综述 ………………………………………… 4
　　第三节　内涵界定与研究思路 ………………………………………… 12
　　第四节　研究方法与创新之处 ………………………………………… 15

**第二章　新时代城乡社区基层治理的公共性价值** …………………… 17
　　第一节　基层社区的公共性价值 ……………………………………… 17
　　第二节　基层治理中的公共性缺失 …………………………………… 22
　　第三节　基层社会组织的公共性价值 ………………………………… 24

**第三章　公共性建构中的社区工作者专业化** ………………………… 26
　　第一节　社区工作者与社会治理 ……………………………………… 26
　　第二节　加强社区工作者队伍专业化建设的必要性 ………………… 30
　　第三节　社区专业型人才建设 ………………………………………… 32

**第四章　自组织与社区营造：秦汉实践及经验** ……………………… 36
　　第一节　自组织与社区营造 …………………………………………… 36
　　第二节　秦汉"里"的社区治理功能 ………………………………… 38
　　第三节　秦汉里治对当代社区治理的借鉴价值 ……………………… 48

**第五章　村民理事会对公共性的建构路径** …………………………… 57
　　第一节　下迳村村民理事会的自治实践 ……………………………… 57
　　第二节　下迳村村民理事会的公共性建构 …………………………… 62
　　第三节　村民理事会公共性营造的成效和障碍分析 ………………… 69

**第六章 优秀传统文化资源活化利用中基层政府职能创新**
　　**——基于南粤古驿道的观察** ······················ 79
　第一节　南粤古驿道及其传统文化价值 ····················· 79
　第二节　南粤古驿道活化利用中政府职能践履现状与问题 ········· 84
　第三节　活化利用中政府职能践履失效的原因分析 ·············· 93
　第四节　基层政府职能创新的对策建议 ····················· 100

**第七章 公共文化空间建构的内生性障碍** ························ 108
　第一节　问题的提出 ············································ 109
　第二节　L镇乡村公共文化建设的内生性障碍 ··················· 110
　第三节　L镇乡村公共文化建设的内生性障碍分析 ················ 115
　第四节　现代乡村公共文化建设的优化路径 ····················· 121

**第八章 研究结论与若干思考** ···································· 133
　第一节　研究结论 ·············································· 133
　第二节　对广东城乡社区公共性建构的若干政策反思 ············· 135

**附　录** ························································· 140

**参考文献** ······················································ 164

**后　记** ························································· 170

# 第一章 绪 论

## 第一节 问题缘起与研究意义

### 一、问题缘起

党的十九大报告指出,"要打造共建共治共享的社会治理格局,加强社区治理体系建设,推动社会治理重心向基层下移,发挥社会组织作用,实现政府治理和社会调节、居民自治良性互动"①。对于每个城乡居民,社区是与我们接触最密切的基层组织。社区,既是一个生活共同体,又是一个文化共同体。德国社会学家滕尼斯(Ferdinand Tonnies)认为,"共同体是指一种具有共同习俗和价值观念的同质人群构成的关系密切、守望相助、富有人情味的场域"②。社区是具有共同价值取向的同质群体组成的一种亲密关系,是邻里朋友之间互相帮助,有疾病时互相帮扶,人情味浓厚的社会生活的共同体。

然而,随着现代化进程的加快,社区却在逐渐个体化。与此同时,社区行政化倾向严重,共同体功能弱化,居民参与社区自治的积极性不高,无法发挥社区真正的功能。费孝通认为,"社会问题起源于文化失调"③。要改变社区个体化的现状,重构社区生活共同体、重塑社区公共性,需要在加大公共财政预

---

① 习近平:《决胜全面建成小康社会 夺取新时代中国特色社会主义伟大胜利——在中国共产党第十九次全国代表大会上的报告》,《人民日报》2017-10-28。
② [德]斐迪南·滕尼斯:《共同体与社会》,林荣远译,商务印书馆1999年版,第58-145页。
③ 费孝通:《文化与文化自觉》,群言出版社2016年版,第1-12页。

算投入的同时，发挥社区自治的能动性。要发动一切可以发动的力量，推动社区营造，使人们的工作生活更加舒适、和谐、高效、环保，最终实现构建幸福社区的目标。

2018年10月，习近平总书记视察广东并发表重要讲话，明确指出，城乡、区域发展不平衡是广东发展的最突出短板，广东要继续走在全国前列，最艰巨最繁重的任务在农村，最大潜力和后劲也在农村；要着力破解城乡二元结构问题，坚持以工补农、以城带乡，推动城乡基础设施互联互通、公共服务普惠共享、资源要素平等交换、生产要素充分对接，带动乡村产业、人才、文化、生态和组织振兴。根据习近平总书记视察广东的重要讲话指示精神，2019年7月，广东省委、省政府印发的《广东省实施乡村振兴战略规划（2018—2022年）》（以下简称《规划》）中提出发展富农兴村产业、建设生态宜居的美丽乡村，有序实现广东省的乡村振兴。目前我国的城乡关系已经发生改变，从之前的以农养城，从农村提取资源供养城市，到现在的以工补农、以城带乡，实现城乡的共同繁荣发展。

社区是社会构成的基本单元，社区治理是国家治理的基础工程。在个体化社会中，社区文化治理成为社区重建之道，是社会治理和文化治理的重要内容。基层社会的治理从根本上要靠基层组织体系发挥作用，因此，基层社会治理体系的建设对于国家的治理和政权的稳固都十分重要。广东省的乡村有浓厚的宗族特色，自然村以同姓村居多，根据滕尼斯的共同体理论，每个自然村是一个由血缘发展而来的地缘共同体。

## 二、研究意义

基于广东省普遍存在的行政村不能形成集体行动，乡村治理缺乏自治这种现象，一些粤东、西、北的城市开启了农村综合改革，清远市率先因地制宜地在自然村建立村民理事会。经过近几年的改革，广东省云浮市、清远市建立和完善了村级自治组织，发挥了村级自治组织的自治功能，有效地促进了农村的改革和发展，基本实现了通过设立自治组织构建乡村治理新体系来实现乡村振兴的目标。

城乡社区治理是基层社会治理的基础和关键，是国家治理体系和治理能力现代化的重要组成部分，社区达到善治，国家才能长治久安。最早将"善治"理念引入中国的俞可平先生认为，善治就是使公共利益最大化的社会管理过程。习近平总书记曾指出，中国的治理比其他国家更具特殊性和复杂性，要立足国情和长期积累的治理经验。俞可平也指出，治理和善治都是西方的理论，要运用到中国当中就需要从中国的实际情况出发，进行本土化的理论创新。因此，研究中国基层治理问题应该立足于中国实际，在反思历史经验中去粗取精，古为今用。

党的十九大报告指出，增强基层治理能力，发挥群众参与治理主体的作用。遵循这一指导思想，健全城乡基层治理体系，必须把服务居民、造福居民作为出发点和落脚点。实现村民自治的关键在于，培养一批具有较高政治素质和积极主动参与公共事务治理的村民。就历史经验来说，自古国以民为本，基层社会治理的好坏直接影响国家的兴衰。秦朝是我国历史上第一个大一统王朝，它结束了自春秋战国以来诸侯长达五百年的分裂割据局面。秦汉的国家治理理念奠定了历代王朝治国治民的基础，对基层社会的控制和管理进行了不断的探索和演变，逐步确立和丰富了"里"这一基层自治组织。秦汉的"里"是我国历史上基层自治组织的源头，里和现代社会的社区都是国家统治下的基层自治组织，但现阶段对秦汉里治的研究主要集中在制度层面上，关于秦汉"里"所蕴含的政治文化方面的研究成果相对较少。我们探究秦汉里治的实践，不仅是追溯其在历史上的起源和作用，更是从一个新的角度出发，将秦汉的里治实践与当代社区基层治理联系起来，发掘秦汉里治中的伦理教化、互济互助、善用贤人等文化治理路径和组织营造模式对当代社区治理的借鉴意义和现代价值。

将公共性与基层治理联系起来，为基层治理提供了一个新的视角。我国目前面临的基层治理困境恰恰是由公共元素的缺失、城乡社区居民原子化造成的，居民只关心个人利益得失，而对集体事务漠不关心。"公共性"作为一个共同体固有的属性，可以凝聚团结共同体成员参与公共事务，增加对共同体的权威性认同，这对城乡社区基层治理非常重要。

"公共性"与目前我国所倡导的共建共治共享的社会治理制度不谋而合，是可以促进人人有责、人人尽责、人人享有的社会治理共同体的建成的非强制性力量。总结基层自治组织在构建公共性上发挥的作用可以丰富基层治理理论，丰富城乡基层治理的顶层设计。梳理惠州市X街道社区工作者队伍专业化建设实践、清远市浸潭镇下迳村村民理事会的成功试验等，有利于我们积累广东省在城乡基层治理中的实践经验，更好地发挥村民理事会、社区工作者在构建基层公共文化、推动基层民主政治参与等方面的积极作用，也有利于其他地方借鉴广东经验，有助于我国促进城乡协同发展。

## 第二节 理论基础与文献综述

### 一、理论基础

#### (一) 共同体理论

滕尼斯将人类群体生活分为共同体(Community)和社会(Society)两个概念,滕尼斯(1935)认为,共同体是以本质意志为纽带,通过亲属、邻里和朋友关系建立起来的有机组合,是在自然的基础上建立起来的。共同体通常被视为一定地域范围内的人们基于共同的利益诉求、相同的生活习俗与密切的生活交往而形成的具有较强认同感的生活共同体。滕尼斯将共同体分为亲缘共同体,以及由此衍生出来的地缘共同体和更高级形态的精神共同体三类。亲缘是人们从出生以来就无法脱离的一种亲情联系,包括父母与子女、兄弟姐妹之间以及夫妻之间的亲情关系。亲缘共同体是共同体的最基本形式,是人类群体社会的基本单位。亲缘共同体包括由父母、子女组成的家庭,以及由同源血亲组成的宗族。地缘共同体是以居住地的范围划分的,滕尼斯把地缘共同体概括为邻里关系。精神共同体是关于精神文化和宗教信仰等层面的共同体,滕尼斯认为精神共同体是更有凝聚力的,它不受血缘和地缘这些客观条件局限,完全是自主的精神选择,具有超越时间和空间的凝聚性。滕尼斯还认为,随着社会的发展,共同体在日渐缩小但依然存在。"共同体是一种持久的和真正的生活。"而滕尼斯认为社会是有目的的联合体,他们只是人的群体,是基本分离的。"社会的基础是个人、个人的思想和意志,是一种机械的聚合。"①

为了加强社会建设,2016年10月11日,党的十六届六中全会通过了《中共中央关于构建社会主义和谐社会若干重大问题的决定》,提出要积极引导农村社区建立健全社区管理和服务体制,把农村社区建设成为管理有序、服务完善、文明祥和的社会生活共同体。从传统的乡村社会实际来看,我国的村庄"一村一族"的自然村落更接近滕尼斯的共同体原型。这一主题也一直受到学术界关注。有学者结合滕尼斯的共同体理论和我国的乡村实践,提出了各种衍

---

① [德] 斐迪南·滕尼斯:《共同体与社会》,林荣远译,商务印书馆1999年版,第65-68页。

生的共同体概念。钱杭、谢维扬（1990）提出我国的村庄是宗族共同体。宗族共同体的主要特点是对乡村自治、乡村公益具有建设性作用，对传统宗族资源有系统的利用。① 他们还提到，修族谱和修葺祠堂是最重要的两项宗族活动，体现了一定的组织性和文化性，增强了在外工作的族人的认同感和归属感。农村一般的社交活动以及节庆、婚丧礼仪等民俗活动，已自然融入宗族色彩，并由宗族组织出面主持。目前大部分的宗族共同体正努力探索传统与现代相融合的组织结构形式，尤其是在与基层政权的关系上，宗族共同体主动谋求与其合作。折晓叶（1997）结合中国的市场化进程和村落共同体的现状，提出了"村落共同体再造"理念。村落共同体再造指在城市化和市场化背景下，人民公社时期的行政共同体彻底解体后，在村落带头人的引领下，村落居民立足自身优势，借助外界有利条件在原来的生产、生活范围内进行的一种积极的、发挥主观能动性的创造性发展，最终塑造村落利益关联共同体的过程。这个利益关联共同体的形成使村落整合成政经社合一的村落共同体。② 张志旻等学者（2010）论述了当代共同体生成的三个要素：共同目标、身份认同和归属感。共同目标是共同体形成的前提，共同体成员在追求共同目标的过程中更加团结，没有共同目标是无法产生集体行动的。身份认同是共同体产生的基础，指个体对不同社会组织和不同文化传统的归属感。归属感是共同体维系的纽带，是个体对群体的认同、满意和依恋程度的情感体验。人在群体中生活，必然与群体中其他个体具有相似性，包括态度、情感、价值观和行为方式等，相似性高，就容易被群体接纳，得到其他人的认同，这时就会产生对群体的归属感。③ 胥永强（2015）提出目前作为生活共同体的村庄难以实现合作，原因有二：一是合作基础的缺乏，比如缺乏公共财产和道义上的权威中心；二是村庄组织机构缺乏组织集体行动的意愿或能力。④ 他提出国家权力应通过加强村庄公共财产、扶持有道义的权威中心等措施增强村庄凝聚力，激发生活共同体内在的建设动力，通过村庄内部的协作来推动村庄基础设施的改善及社会各项事业的全面发展。

---

① 钱杭、谢维扬：《宗族问题：当代中国农村研究的一个视角》，《社会科学杂志》1990年第5期。

② 折晓叶：《村庄的再造：一个"超级村庄"的社会变迁》，中国社会科学出版社1997年版。

③ 张志旻、赵之奎、任之光等：《共同体的界定、内涵及其生成——共同体研究综述》，《科学学与科学技术管理》2010年第10期。

④ 胥永强：《论作为"生活共同体"的村庄》，《贵州民族大学学报（哲学社会科学版）》2015年第3期。

## (二) 内生性发展理论

内生性发展理论起源于20世纪70年代，最早是与第三世界国家经济发展中的"有增长无发展"问题密切相关，涉及这些国家的区域经济发展、区域治理、环境保护和国际关系等。经过不断地丰富完善，内生性发展理论的探索实践开始遍及社会学、民俗学、经济学和财政学，研究问题也拓展延伸至乡村治理、民族文化、扶贫开发和财政政策等方面。本研究第七章所提出的内生性障碍理论正是对内生性发展这一理论的延伸，因此，厘清内生性发展理论的内涵对本研究进行内生性障碍分析框架的构建十分必要。

针对内生性发展理论的内涵和特点，国内外学者分别从各自的研究领域进行了阐释。阎云翔把内生性发展看作是一个动态过程，是一个发动本地力量的社会动员过程，在这个过程中要想达到动员的效果，就需要构建结构完整的利益团体系统，制定一套符合本地发展的规划方案，设置合理的资源分配方式，积极促进本地技能方面发展目标的实现。① 宫本宪一提出内生性发展的内容包括：在地区经济发展方面，认为经济发展的基础是本地的文化、产业和技术，发展的主要对象是地区内的市场，通过开展计划、学习以及经营等活动实现经济内生性发展；在地区环境开发方面，认为必须在环保的框架内进行合理的开发，开发的目标要把文化、福利、生活以及人权等因素包含在内进行综合考虑；在地区产业开发方面，认为产业的开发不仅仅是局限于某一种产业，而是要实现产业跨领域的融合发展；在居民自治方面，提倡建立居民参与制度，认为居民自治能够体现居民的意志，要保障居民拥有资本管制和土地利用的相关权力。② 鹤见和子则从社会学的角度对内生性发展进行了阐释，他认为内生性发展是基于地区原有的自然生态体系而谋求地区发展目标的一种途径，只有遵循了本地的文化传统，再结合外来的制度、知识以及技术等因素，才能创造出理想标准的社会形态。③

2000年联合国和平文化国际会议发表的《马德里宣言》，基于四项"新合同"系统地提出了内生性发展的全球计划：首先是新的社会合同，强调人是推动社会发展的主要力量，要尊重并保障人的权利，还要使人在社会发展中受

---

① ［美］阎云翔：《中国社会的个体化》，陆洋等译，上海译文出版社2012年版，第2－33页。

② ［美］阎云翔：《私人生活的变革：一个中国村庄里的爱情、家庭与亲密关系1949—1999》，龚晓夏译，上海书店出版社2006年版，第35－43页。

③ 田毅鹏、吕方：《社会原子化：理论谱系及其问题表达》，《天津社会科学》2010年第5期。

益;其次是新的自然或环境合同,倡导全世界行动起来,采取措施为保护世界的生态现状而努力;再者是新的文化合同,鼓励每个人学习先进的文化,并保护和发展本地的文化资源,维护本地文化的多样性和创造性;最后是新的道德或伦理合同,提倡通过知识和内部技能的提高来增强发展的实力,此外还要全面构建个人和集体应遵守的行为准则和价值标准。《马德里宣言》提出,要积极建立以本地内生力量为基础的发展模式,实现全球的内源性发展。① 通过以上的观点可以看出,虽然关于内生性发展的描述各有不同,但还是存在一些相同的地方:都强调以当地人为主体、体现当地人意志、注重培养当地的发展能力、保护传统文化资源、保持文化的多元性和独立性等观点。

因此,我们认为内生性发展理论对我国当前乡村振兴战略背景下乡村文化建设的实践,同样具有解释力。就乡村发展而言,文化建设要理念先行,过去基本上是"输入式"或者"嵌入式"的理念,这种理念的根本缺陷在于忽视了乡村内部因素在文化建设方面的积极性作用,导致建设过程中出现内生性问题,阻碍乡村文化的进一步发展。而内生性发展是一种"自我导向"的发展过程,是乡村发展的理想模式。在这种模式下,要想实现乡村资源、环境、教育和素质水平的综合提高,实现乡村文化的发展,其动力来自乡村内部,特别是来自农民的主动性与创造力。基于以上分析,我们认为乡村文化内生性发展应包括四方面:一是要破除陈旧思想,使文化内容不断推陈出新,适应农民现实需要;二是积极主动地培养乡村内部的生长能力,同时也要坚决保持乡村的优秀文化传统,维护乡村的生态环境;三是要以当地农民为发展主体,使其成为主要参与者和发展的受益者,这是培养乡村发展能力的最好途径;四是培养乡村文化的发展创新能力,使乡村文化不管在内容上还是传播方式上都易于被认同和接受。通过对内生性发展内涵的认识,为后文分析乡村文化建设的内生性问题奠定理论基础。

(三)合作治理理论

合作治理(Cooperative Governance)是指在治理目的具有多元价值因素时,多种治理主体(如政府、企业、社会组织、民众团体等)在平等、主动、自愿的原则下以某一方为侧重参与社会公共事务的治理方式。在合作治理的框架中,参与治理的主体需要就政治价值与治理目标、理念等达成共识,从而保证合作治理的有效性。从社区公共服务角度来看,合作治理是"为了实现一个公

---

① 董运生、张立瑶:《内生性与外生性:乡村社会秩序的疏离与重构》,《学海》2018年第4期。

共目的，使人们有建设性地参与跨公共部门、跨不同层级政府或跨公共、私人、公民团体的公共政策制定和管理的过程和结构"①。合作治理使政策走出单纯对政治机构负责的单线的线性关系形态，打破了公共政策政治目标的单一性，大大削弱了行政权力的外向功能。治理主体不再依靠权力直接作用于治理对象，行政权力服务于抽象的公共利益的状况也会改变，进而会紧密地与行政权力持有者的道德意识相关联，这就是合作治理的基本特征。

在合作治理的模式中，治理的主体将会呈现多元化的结构，政府、非政府组织以及社会团体等都可以参与社会公共事务的治理。作为一种更为科学合理的社会管理模式，合作治理模式更适合新的社会结构对于新秩序的内在要求。在合作治理中，需要政府、市场和社会组织等多个主体共同治理、发挥各自的优势，形成合力、确保治理的有效性。合作治理的核心虽然是多元参与，但多元并非没有中心，而是去中心化的多中心模式。这就需要多元主体之间进行有效衔接和互动，在目标一致的前提下通过协商和谈判等方式解决被治理对象的利益诉求。

合作的社会治理模式在根本性质上不是控制导向的治理，而是公共部门与私人部门之间、政府与民间的合作与互动，是治理主体平等前提下的共治。良好的社会管理需要政府及政府之外的社会组织、社会公共机构等行动者共同参与、通力合作，其本质是政府与公民社会的合作。② 在合作治理基础上进行公共事业管理创新研究，能够帮助政府完成角色上的转变——从领导者和管理者转变为服务者，有效发挥自身规范的作用、运用有效的管理手段，实现对新农村公共事业的建设。③ 为解决政府公共决策、管理和服务方式过于单一、市场和社会力量的作用发挥不充分的问题，政府只有充分向社会放权才能极大地降低基层政府的管理成本。合作治理的实现将会使政府的功能从管制政府向服务政府过渡。④ 在研究政府与社会组织的关系时，赵晓雷提出"基层政府需要合理向社会组织让渡权力，剥离非必要的行政职能和事务，给予社会组织更多的

---

① 董君怡：《合作治理：多种合作形式的实现路径研究》，《天津商务职业学院学报》2017年第4期，第86—92页。
② 焦连志：《推动政府社会管理职能创新探讨》，《山西高等学校社会科学学报》2017年第3期，第12—17页。
③ 王玉燕：《合作治理与新农村公共事业管理创新路径研究》，《中国市场》2020年第9期，第178—179页。
④ 高宝琴：《多元组织参与乡村治理的优化机制——基于合作博弈的视角》，《东岳论丛》，2015年第5期，第102—105页。

独立性和自主性,推进社会组织积极主动地参与基层社会治理,实现基层社会合作共治"①。政府和非政府组织合作共治关系的建设必须先形成新的社会治理理念,即"小政府、大社会":将原来由政府负责的部分社会公益事业以及社会事务逐步转移给非政府组织,并充实非政府组织的社会职能,使其成为完善市场经济体制和促进政府体制改革的重要力量。② 在多元社会治理格局中,非政府组织必须建立与政府的良好合作关系,政府通过提供制度安排及政策支持,为非政府组织营造出适合发展的社会生态环境。③

基于当前广东地方社区公共性建构模式中,政府为主导的模式已难以适应未来发展的需求,我们拟应用合作治理的理论,探讨如何帮助政府部门实现角色转换,吸收多元主体参与基层社区公共性建构工作。政府在放权的同时,也需要做好监管和服务的工作,以解决当前职能践履失效的问题,寻找新的职能创新方向。

## 二、文献综述

最早对"公共性"这一概念进行描述的是马克斯·韦伯(Max Weber)。韦伯(1920)认为资本主义不断瓦解传统社会结构,使传统同质化社会的内聚力消减,使血缘、地缘甚至传统宗教共同体不断分化解体。经济交往和市场交易一只手把人们隔离开来,使人们不断原子化,另一只手把人们牵拢起来,在摧毁残存在人们头脑中的传统价值文化观念的同时,又注入一种现代价值观念,使互惠的社会规制扩展到家庭关系之外,成为名副其实的公共规则,从而为现代公共性生长提供重要基础。④ 所以韦伯提出理性化和市场化是公共性生长的基础,他提倡的是一种现代化的公共性。阿伦特(Hannah Arendt)(1958)把公共性比喻为"共同的桌子",许多人围坐在一张隔格的桌子上,彼此分隔的人通过这张桌子联系和沟通。在缺少公共性的社会中,戴着面具的人们因为没有桌子而直接拥挤在一起,他们既相互接近,没有距离,但又十分遥

---

① 赵晓雷:《社会组织参与乡村治理:现实困境与路径设计》,《河北民族师范学院学报》2019年第4期,第103—110页。

② 宋仕平、董登峰:《论乡村社会治理格局的变化与治理方式的转换》,《三峡大学学报》,2017年第3期,第29—31页。

③ 唐秋伟:《论我国社会双重历史转型中的治理模式变革》,《河南社会科学》,2011年第4期,第93—96页。

④ [德]马克斯·韦伯:《新教伦理与资本主义精神》,北京大学出版社2012年版。

远，形同路人。① 阿伦特认为公共性是人们联系和沟通的桥梁。哈贝马斯（Juergen Habermas）（1961）提出公共性的三个要求：独立的公共空间、公共批判和形成公共共识。公共性的根本价值，就是让具有批判精神的民众在独立的公共空间里对自由民主正义的公共规则达成共识。② 罗尔斯（John Bordley Rawls）（1993）把公共性作为政治正义的基础，公共性可以使不同背景和政治立场的人们重叠共识。哈贝马斯和罗尔斯都强调公共性中的"共识"问题，哈贝马斯强调的是社会共识，而罗尔斯则强调政治共识。国内学者谭清华（2014）梳理了阿伦特、哈贝马斯和罗尔斯对公共性定义描述的共性部分，提出公共性就是人与人之间的相互共享性。这里的"相互共享性"是人的一种存在状况，比如在同一个社会群体中的人相互共享着某种文化、语言习惯、思维方式、意义价值等。人可以在自我选择的基础上构建一些相互共享的事物，比如一些社会规范和法律等，它们的公共性是人们基于同意和共识建构起来的。③

张法（2010）提出"公共性是规避极端个人主义的基本路径，个人价值只有在群体互动中才能得到彰显"。极端个人主义会破坏良好的家庭和社会关系，个人内心建立公共性的理念才能避免极端个人主义。④ 李友梅等学者（2012）认为"公共性"是以个人为基础并以超越利己主义为目的，至少具有如下基本特点：作为目的和价值取向的"公共性"指涉的是特定空间范围内的人们的共同利益和价值；从参与者角度看，"公共性"指的是人们从私人领域中走出来，就共同关注的问题展开讨论和行动，在公开讨论和行动中实现自己从私人向公众的转化；从参与程序角度看，"公共性"指涉程序的公开、开放和公平，人们在平等对话中达成共识；从精神角度看，"公共性"指涉个体基于理性与符合理性的法律而批判性地参与公共活动，维护公共利益和价值取向的精神。⑤ 吴理财（2016）提出公共性是一个多面意义词，它本身就包含着一个由初级向高级发展的过程形态。在初级形态里，公共性作为一种刚刚从国家与私域中分离与脱域出来的特殊存在，向下要求社会成员不断祛魅化、理性化、原子化，通过物质利益来调整社会关系，以契约来组织社会秩序；向上要求国家权力退

---

① ［美］汉娜·阿伦特：《人的条件》，竺乾威等译，上海人民出版社1999年版。
② ［德］哈贝马斯：《公共领域的结构转型》，曹卫东等译，学林出版社1999年版。
③ 谭清华：《谁之公共性？何谓公共性？》，《理论探讨》2014年第4期。
④ 张法：《主体性、公民社会、公共性——中国改革开放以来思想史上的三个重要观念》，《社会科学杂志》2010年第6期。
⑤ 李友梅、肖瑛、黄晓春：《当代中国社会建设的公共性困境及其超越》，《中国社会科学》2012年第4期。

出公共空间，尊重公共规则和形成社会自治。在高级形态里，公共性要求人们达成共识并成为民主宪政的合法性基础，共同维护自由平等和政治的公平正义。① 按照吴理财的区分，我国的公共性还处在初级形态，而国外学者如哈贝马斯定义的公共性是高级形态。吴理财在《公共性的消解与重建》一书中论述到，目前城乡社区的变化都可以用"公共性的消解"进行概括：以农村社区为例，农民对村庄的认同日渐弱化，乡村的公共生活日渐衰落，公共舆论的约束力日渐减弱，农民之间的互助精神日渐消解，这些都是公共性消解的具体表征，表明目前我国的乡村共同体正在逐渐解体。而现代化的公共规则和公共文化在乡村还未建立起来，导致了目前乡村的无序性与离散性。②

梳理国内外关于我国城乡基层治理的研究，可以发现对传统乡村社会的研究主要聚焦于乡绅这一群体，乡绅是我国传统时期的乡村治理主体。而从村民自治制度实施以来，在"乡政村治"的模式下，乡村治理的主体变得多元化，从之前的单一基层政府发展到现在的基层政府、村两委、基层社会组织和村民等共同主体的多元互动共治模式。在基层社会组织中，目前城乡社区成立了居民理事会来参与城乡基层治理，将新乡贤纳入理事队伍中，实现传统治理资源和现代治理体系的有力联合。目前城乡社区理事会或者其他基层自治组织的研究主要集中在理事会的功能与不足上，将居民理事会或者基层自治组织与构建乡村公共性联系起来的研究很少，更是缺乏对基层自治组织如何构建公共性方面的研究。居民理事会在乡村治理中发挥的功能可以与公共性的建构联系起来。分析目前我国城乡基层社区治理面临的种种困境，与基层公共性的消解有很大联系。学者通过文献梳理与广东若干村社实地调研，印证了乡村社会仍然是一个乡村共同体的事实。地缘、血缘的亲近无法忽视，宗族祭祀、红白喜事的羁绊无法切断，村庄集体财产无法舍弃，这些因素都使个人无法完全脱离村庄而独立生活。针对我国的乡村社会目前难以发展成为现代化的社区的问题，可以尝试借鉴传统的自治力量，建构乡村的公共性，增加村庄的内聚力。建构公共性可以使城乡社区成为一个利益统一、行动一致的整体；可以使个体化时期的个人理性回归公共理性；可以深化居民对共同体的权威性认同，是动员共同体成员参与公共事务的组织性力量。重塑城乡社区共同体，建构城乡社区公共性，为我国的城乡社区治理探索有效的方法与模式。

---

① 吴理财、龙海平：《打造自治、参与、合作的共同体：美丽乡村视阈下的公共性问题》，《国家治理》2016 年第 1 期。

② 吴理财等：《公共性的消解与重建》，知识产权出版社 2014 年版。

基层治理中的公共性建构——基于广东城乡社区的经验观察与理论阐释

# 第三节　内涵界定与研究思路

广东省作为社区建设先行先试区，有很多值得关注的经验值得我们总结，有许多先进的做法，譬如对乡贤群体、理事会、互助会等群体和组织在基层社会建设中的积极作用和探索，值得我们去探究。我们认为，基层社会治理首先需要解决的是社区公共性价值的问题，以凸显基层治理中的内生性障碍、基层政府职能转换与创新不足的问题，为此，需要界定好本书的公共性概念，并对研究思路进行概括。

## 一、公共性的内涵

"公共性"（Publicity）这一概念可能自人类社会开始就存在了。因为只要人在社会中，总会与他人共享一些东西，可能是历史传统、文化生活，或者是个人协商和契约。现代的公共性范畴和公共性理论是对人类社会从传统社会向现代社会转型后所带来的生存困境的反思和批判。马克斯·韦伯提出，理性化和市场化是公共性生长的基础，他提倡的是一种现代化的公共性。阿伦特认为，公共性是人们联系和沟通的桥梁。哈贝马斯认为，公共性的根本价值就是让具有批判精神的民众在独立的公共空间里对自由民主正义的公共规则达成共识。

吴理财提出公共性是一个多面意义词，它本身就包含着一个由初级向高级发展的过程形态。在初级形态里，公共性作为一种刚刚从国家与私域中分离与脱域出来的特殊存在，向下要求社会成员不断祛魅化、理性化、原子化，通过物质利益来调整社会关系，以契约来组织社会秩序；向上要求国家权力退出公共空间，尊重公共规则和形成社会自治。在高级形态里，公共性要求人们达成共识并成为民主宪政的合法性基础，共同维护自由平等和政治上的公平正义。按照吴理财的区分，我国的公共性还处在初级形态，而国外学者如哈贝马斯定义的公共性是高级形态。张良（2014）认为，公共性是超越个体和家庭层面，能够动员社会成员参与公共事务的组织性力量、凝聚性权力、权威性认同，并将公共性分解为五个变量：公共空间、公共服务、公共交往、公共规则、公共精神。①

据此，我们将公共性分解为：公共经济、公共空间、公共交往、公共规则和公共文化五个变量。将张良界定的公共服务变量替代为公共经济，原因有三：一是公共服务偏向于行政化和现代化，公共服务一般指政府部门或公共组织向民众提供帮助和服务，由政府部门或公共组织指向民众，缺乏民众之间的互动。二是公共服务范围过大，如修建村级活动广场应该纳入公共空间的范畴，但也可属于公共服务。三是在考察调研村庄的时候，发现当地的村民理事会在公共财产、发展村集体经济上发挥了重大作用。

吴理财（2011）提出，农村社区认同与这个社区的社会资本相互关联，社区有的社会资本越高，社区认同越强。社区认同也会促进社区内资本的生产和再生产。② 基于以上考虑，我们将公共性分解为：公共经济、公共空间、公共交往、公共规则和公共文化五个变量，以这五个变量为指标剖析村民理事会在建构公共性上发挥的作用。

（1）公共经济。农村的公共财产指村集体资产，包括：①属于农村集体的自然资源，包括村集体的预留地、山脉、山林、草地、河流等等；②国家或上级拨付的村集体公共项目的建设经费，包括修路、建学校等费用；③以村集体名义采购的或获赠的设备。法律规定，村集体公共财产归全体村民所有，任何组织和个人不得随意处置、转移村集体资产。要实现村集体经济的增收必须通过利用乡村的公共财产资源。2021年中央一号文件指出，要基本完成农村集体产权制度改革阶段性任务，发展壮大新型农村集体经济。

（2）公共空间。有学者从物理意义上空间上理解，认为公共空间就是区域内的人可以自由进入，并进行各种思想交流的场所。也有社会学家认为，公共空间是在一定场所内的公共精神的归属意识。结合这两种观点和我国传统村落的现实，本书认为乡村公共空间是在乡村内部可以允许村民进入并进行各种活动的场所，包括乡村里面的祠堂、寺庙、文化广场、文化书屋等。有学者进一步将乡村的公共空间分为信仰性的公共空间，村民从事祖先祭祀、民间信仰活动的场所，主要是祠堂和寺庙；生活性的公共空间，村民在闲暇时间进行交流娱乐的场所，包括闲聊的长凳，打牌娱乐的树下等；生产性的公共空间，村民从事耕作活动的田间地头和需要互相帮工完成的场所；政治性的公共空间，村民参与村庄公共事务的场所，主要指召开村民大会的特定场所。

---

① 张良：《村庄公共性生长与国家权力介入》，《中国农业大学学报》，2014年第3期，第24—32页。

② 吴理财：《公共性的消解与重建》，知识产权出版社2015年版，第127页。

(3) 公共交往。乡村的公共交往是指传统村落中普遍存在的约定俗成的传统活动和一些制度化活动，如村落的祭祀类活动、红白喜事仪式活动和乡村组织的文艺活动、村民集会等。传统村落在传统节日都会举行各种类型的庆祝活动，伴随着各种社交游乐活动，如端午节的龙舟竞技活动、清明的祭祀、重阳的拜祖等由节庆活动复合发生的交往活动。红白喜事是乡村地方文化的集中反映，属于比较大型的交往活动，它包括亲属交往和社会交往。这些公共交往活动，村民可以参与其中并进行交往互动，在这些活动中拉近彼此的联系，加强村庄的公共性。

(4) 公共规则。乡村的公共规则是指那些能够有效约束村民行为、调节日常纠纷，增强村民之间集体合作、减少冲突摩擦、整合村民力量的规则体系，公共规则是产生社会秩序与权威认同的前提和基础。具体包括村规民约、村庄习俗、村庄精英人物所代表的权威规则等。党的十八届四中全会通过的《中共中央关于全面推进依法治国重大问题的决定》提出，要发挥市民公约、乡规民约等社会规范在社会治理中的积极作用。乡规民约的生长土壤在乡村社会，是千百年来无数的乡贤精英人物根据本村实际形成的行为约束规范，在乡村治理中能发挥重要作用。

(5) 公共文化。目前学者对乡村的公共文化并没有统一的定义或者共识。张桂芳（2004）认为，农村文化就是由居住在农村的一定地域范围内的人们由一定的纽带和联系而形成的共同价值观、生活方式、情感归属和道德规范等，从形态的视角可以分为三个层次：物质文化、制度文化和观念文化。①

## 二、研究思路

首先，查阅与主题研究相关的国内外文献、资料和政府文件等，基于"共同体""内生性障碍""合作治理"理论与"公共性"的概念，分析基层社区公共性建构的价值内涵以及基层政府、社会组织的职责与作用。

其次，前往广东省粤东、西、北城镇和乡村进行实地调查，访谈当地村干部和村民，观察记录基层治理中基层社区、街镇地方政府的职能履行现状，总结街镇职能失效的现象、挖掘问题的根源。分析特定社会组织、社会群体在乡村治理中重塑共同体和建构公共性发挥的作用。一方面对我省各地成功经验进

---

① 张桂芳：《试论转型期农村社区文化建设》，《兰州学刊》2004 年第 5 期，第 213 - 214 页。

行成效分析，另一方面探究在社区基层治理中存在的不足。我们在研究中，依照理论基础—案例分析—总结归纳的思路进行研究，将公共性可操作化为公共经济、公共空间、公共交往、公共规则和公共文化五个变量，剖析村民理事会、居民、社工队伍以及基层政府等如何在这五个方面取得建构公共性的成效。

最后，基于公共管理学科相关理论进行分析，探讨基层公共性建构过程中基层街镇政府职能践履失效的原因，找出职能创新的方向，提出基层政府职能创新的对策建议。当然，城乡社区自治组织、自治群体也是本研究的重点关注对象，广东省在此方面有着丰富的实践经验，等待我们去不断探索和深入研究。最终对目前我国城乡社区治理现状的提升，构建起公共性，推动各地社区治理改革试点工作提供经验借鉴和理论思索。

## 第四节　研究方法与创新之处

### 一、研究内容

乡村治理是社会治理的基础和关键，是国家治理体系和治理能力现代化的重要组成部分，乡村达到善治，国家才能长治久安。最早将"善治"理念引入中国的俞可平认为，善治就是使公共利益最大化的社会管理过程。习近平总书记曾指出，中国的治理比其他国家更具特殊性和复杂性，要立足国情和长期积累的治理经验。西方的理论运用到中国，需要从中国的实际情况出发，进行本土化的理论创新。因此，研究中国乡村治理问题应该立足于中国实际，在反思历史经验中去粗取精，古为今用。

党的十九大报告指出，增强城乡治理能力，发挥群众参与治理主体的作用。遵循这一指导思想，健全基层治理体系，必须做到治理为了居民、治理依靠居民、治理成果由居民共享、治理得失由居民评判。必须把服务居民、造福居民作为出发点和落脚点。必须健全社区居民参与自治机制，创新参与自治方式方法，在自治平台建设中增强居民参与自治的能动性，凸显其主体地位，发挥其关键性作用。城乡居民参与自治，既是权利，也是义务。实现城乡社区居民自治，关键在于有一批具有较高政治素质和积极主动参与公共事务治理的村民，作为居民自我管理的一种政治制度，维护和保障了城乡基层社会稳定和居民的权利。

同时，在基层治理中，公共文化服务以及文化资源活化利用工作均离不开基层政府职能的践履，其现状、职能失效的原因以及未来的职能创新进行研究，均是本书的研究主题。我们通过查阅相关文献、资料和政府文件，对梅州、广州、河源等古驿道沿线地区的村干部、村民进行访谈，了解南粤古驿道修复与活化利用所创造的公共利益。通过实地调查研究，揭示活化工作中政府职能履行的现状和问题。将南粤古驿道活化工作的适应、目标、整合、潜在模式维系模型（AGIL模型）建构出来，剖析政府职能践履失效的原因。在此基础上，应用结构功能主义理论和合作治理理论，从推动服务型政府职能建设、多元主体合作治理、开拓营销职责范围、加强监管以及职能决策立足粤港澳大湾区五个方面，为政府部门在活化利用中的职能创新提供对策建议。

## 二、研究方法

本研究以公共管理学合作治理理论等学科理论为基础，综合运用多种研究方法对基层治理中的相关问题进行研究剖析，探讨基层政府的职能创新，相关合作组织及群体职责和作用发挥等。具体的研究方法主要是文献研究法和实地调查法。

（1）文献研究法。文献研究法是根据一定的研究目的，通过调查文献来获得资料，从而全面、正确地了解掌握所研究问题的一种方法。在研究的过程中，一是查阅国内外的相关文献、资料，梳理了国内外公共性这一概念的内涵，相关理论的范畴，并落脚在保护和活化利用中基层政府的职能作用和角色。二是阅读政府的相关文件和浏览网站，掌握广东省文化强省战略和乡村振兴战略的相关政策内容，了解基层社区构建中各种文化因子利用的现状。三是通过对合作治理理论的学习，抽取相应的观点，为研究提供理论支撑，明确合作共治等研究切入点和研究方向。

（2）实地调查法。近年来，我们师生实地调查走访了粤东、西、北和珠三角诸多城乡社区。通过实地调研，站在客观中立的角度对社区建设中面临的各种问题以及自治组织、自治群体、镇街基层政府部门的职能履行现状进行观察和记录，了解并总结部分地区基层政府部门职能践履失效的现象和原因，为研究提供充分的材料，保证其真实性和有效性。通过对当地的干部、群众以及专家学者面对面的交流访谈，获取第一手的调查资料，为研究提供事实依据，分析公共性建构的建构状况、缺失的成因和可能创新方向。通过访谈，可以提取大量正式文件中无法获得的内隐信息，特别是当地干部和群众对于社区建设成效的评价和意见，有助于更加全面、真实地挖掘基层公共性建构工作中存在的问题和可能的实践策略。

# 第二章 新时代城乡社区基层治理的公共性价值

## 第一节 基层社区的公共性价值

城乡基层社区的公共性，在不同的历史时期有不同的特点，从传统时期的宗族型公共性，到集体化时期的行政型公共性，再到目前个体化时期公共性的消解。公共性的演变，与城乡社区内部的权力结构和社会关系有关，也与社区外部的国家权力的介入程度和方式有关。梳理公共性的演变，有助于厘清公共性的构建思路，促进基层社区公共性的健康有序发展。

### 一、传统时期城乡社会的宗族型公共性

中国传统村庄多由家庭共同体发展而来，家族成员居住在一起抵御外部风险，不断发展壮大，形成村落。传统的中国农耕文明将农民束缚在了土地上，费孝通在《乡土中国》一书中描述了农民的乡土特性："乡下人离不开泥土且粘在了土地上。"[1] 这使得乡村社会成为一个人口流动缓慢的熟人社会。农民大多生于斯长于斯，长期以来形成了以血缘为基础，扩散到地缘的共同体。在乡村共同体内，成员的行为首先要考虑是否符合这个共同体的约束和规则，然后才会考虑到个人的利益，村民对共同体的服从和忠诚超越了对自我和家庭利益的追求。梁漱溟将中国传统社会描述为"伦理本位"，指伦理关系在人们的各方面社会关系中起主导和决定作用。中国社会在人际关系上"互以对方为重"，经济关系上"皆彼此顾恤"，政治关系上"家庭情谊化"。费孝通用"差序格

---

[1] 费孝通：《乡土中国》，北京出版社2005年版。

局"形容传统时期的社会结构。在差序格局中,社会关系是通过私人联系的增加,一个人一个人推出去,形成一种重叠的、蜘蛛网式的关系网络,并且形成相应的统治秩序。① 维持这种秩序的一般是家族长老或者乡绅,他们在共同体内拥有绝对的权威。家族式公共性的形成不仅与村庄内部的社会结构有关,也与国家权力的介入方式有密切联系。在传统时期,皇权止于县政,国家为了有效统治整个社会,必须借助在乡村社会拥有血缘、地缘优势的家族权力和乡绅权力。这种士绅团体的权力来源于当地民众的支持,他们与政府官员打交道,当中央政府的政策有利于当地百姓时,他们积极推动;当政府政策不利于当地时,他们会极力阻碍政策的实施,并依靠自身的势力向上传递民意。地方上的这种士绅阶层,使得在皇权不下县的古代也可以达到皇权无为而天下治。无论是乡绅还是族长,其代表的核心是家族权威,维持的是家族式的公共性。村民以宗族为载体,通过先天的血缘关系被联系、组织起来,维系着乡村共同体的内聚力与团结性。

传统时期乡村社会的公共性表现为很强的宗族型公共性。宗族将儒家文化、国家意志以及宗族实际情况相结合,修订了家法族规。家法族规是乡村社会的重要公共规则,对于约束村民行为、调解纠纷、加强村民交往等都起到了非常重要的作用,甚至会为了宗族利益牺牲个人利益。宗族内部的家谱、族产、祠堂等也强化着宗族的公共精神。村民之间的换工帮工、人情往来、经济合作、祭祀活动等公共交往和公共活动不断加强了村民之间的团结合作,增强了宗族的内部凝聚力,使村庄团结成为一个利益一致、行动一致的整体。同时,宗族还会在宗族内部开展公益事业,为困难成员提供救济,为族中子弟提供私塾教学等,增强族员对宗族的认同感和归属感,培育族员对宗族的荣誉感和责任感,使其愿意为宗族利益牺牲个人利益。传统时期的这种宗族型公共性,只在宗族内部和村庄内部起到团结的作用,在血缘和空间上表现出一定的排斥性和封闭性,这种排斥性和封闭性不利于全社会的整合,不能实现超越宗族的整合和合作,甚至还会造成宗族之间的对立与矛盾。有学者评价中国传统社会为有家族主义而无国族主义,农村的所有制度和秩序都是围绕家族而建立的。但是,不可否认的是,传统时期中国乡村社会的公共性很强,可以超越村民的个人和家庭层面,动员村民参与到集体行动中和为集体利益牺牲个人利益。

---

① 费孝通:《乡土中国》,北京出版社2005年版。

## 二、新中国成立初期城乡社会的行政型公共性

新中国成立后,为了实现工业化的发展,有效从乡村提取资源,需要将分散的农村和农民组织起来,在乡镇一级建立人民公社制度。人民公社实行"三级所有、队为基础"的制度,建立了由公社到生产大队再到生产队的三级行政体制。人民公社的政社合一体制,实际上是在社会一体化基础上将国家行政权力和社会权力高度统一的基层政权形式。在人民公社的集体化时期,国家权力渗入社会的每一个末梢,重塑了乡村的社会结构,瓦解了乡村的宗族型共同体。这一时期国家全能主义将整个社会统一起来,社会个体按国家的意愿统一行动,农民的私人生活和公共社会都被吸纳到国家体系之中。这时候乡村的公共性是国家行政式公共性,通过行政方式自上而下强制地整合起来,无视乡村社会原有的权力结构。国家拥有绝对的权威,乡村原有的宗族性内生权威被打破。人民公社制度摧毁了以血缘和地缘为基础的宗族观念,实行"组织军事化、生活集体化、行动战斗化",不断通过统一组织的日常生活活动强化公社成员身份,家族身份被弱化。国家这种自上而下绝对的权威,使得当时乡村社会具有一元性的特征,全能国家主义抑制了私人的意志和表达,整个社会构成了一种"机械团结"的形式。对于新中国成立之后集体化时期的中国村庄,一些学者提出了"生产共同体""经济共同体""政治共同体"的概念。比如,学者项继权、鲁帅(2019)认为,新中国成立后,"家族血缘或地缘认同为基础的社会生活共同体转变为以集体产权为基础的生产和经济共同体;从一种自然或自发形成的社区共同体转变为由国家权力深度干预和控制而形成的政治共同体"[1] 这一时期的中国村庄,组织化程度很高,实现了村庄层面的生产合作。但是,根据张乐天(1998)对人民公社时期村庄的研究,村庄高度组织化的背后是村民的普遍离心倾向,村民内心认可的公共性和权威被行政化打破。[2]

人民公社化时期,公社这种行政式的公共性之所以可以将全社会成员组织起来纳入队为基础的机制中来,是因为公社化时期的一切生产资料归集体所有,由生产队组织生产和经营,生产队成员只有参与集体生产才能获得均等的生产生活资料和公共服务,这对社员产生了强大的支配力和组织力。为了加强这种行政式的公共性,人民公社化时期,公社通过组织各种生产活动、思想教

---

[1] 项继权、鲁帅:《中国乡村社会的个体化与治理转型》,《青海社会科学》2019 年第 5 期。

[2] 张乐天:《告别理想——人民公社制度研究》,东方出版中心 1998 年版。

育活动，以及带有浓厚政治色彩的文化娱乐活动，加强对村民思想层面的控制。村民们被生产队组织起来集体劳动，人民公社化时期的村民的交往范围和频率都超越了之前的时期。在公共规则方面，行政规则大于一切，以行政规则办事扩散到社会生活的各个方面，人们依指示办事，服从上级命令，个人利益要服从集体利益。人民公社时期的行政式公共性强调公社将农民组织起来直接面对国家，而各个公社之间缺少横向的社会交往、经济联系，各个社区就像一个个孤立的、分散的细胞。维维尼·舒（Vivienne Shue）将其称为"蜂窝结构"，这样的整合方式虽然能够强化国家对公社的纵向权力，但肢解了社会之间的横向联系，难以将各个公社有机整合起来。这种靠行政力量的"机械团结"内聚性比较差，不能激发成员内心的归属感和认同感，就像一只充满力量的手把人聚拢在一起，这只手的力量消失后，人也就分散了。

## 三、改革开放以来城乡社会公共性的消解

自人民公社解体、宣告集体化时代结束后，国家权力在乡村社会的介入程度与介入方式从一个极端走向了另一个极端，即从渗透延伸到乡村社会每一个角落的全能主义转向逐渐从乡村社会退场乃至销声匿迹的悬浮型政权。这一迅速转变使得乡村社会无所适从：行政关联式公共性随人民公社的解体而解体，村庄内生的家族式公共性因集体化时期的国家权力侵入而破裂，当前村庄内生的公共性力量一时间很难整合起来，整个乡村社会面临着公共性的消解。人民公社解体后，乡村在原生产大队的基础上建立了村民委员会。村民委员会成立的初衷是建立基层群众自治组织，村民委员会由村民选举产生，但是在实际工作中受乡镇政府的领导，要承接乡镇政府下发的行政事项，村民委员会的行政任务重，抑制了其自治属性。在农业税尚未取消的时期，村民委员会的一个重要任务就是代替政府收缴农业税，这一行为使村民委员会代表政府在乡村与村民之间形成了二元对立的局面。乡村社会缺乏一个真正代表村民的组织将村民联合起来，加上市场化进程的加快，很多农民选择到城市务工，村庄的公共性日渐消解。农业税取消后，国家对农村由"索取型"变为"服务型"，这一转变令村委会的定位也有所改变：从管理农民到为农民服务，主要任务从收取农业税变成提供乡村的公共服务，日常支出也从自给到财政拨款和自筹，但是这与原来的"三提五统"的经费相比远远不足，使得村委员只对上行政，而不对下管理。村委员干部与农民的关系越来越松散，农民也难以组织起来。

"在我们社会的激速变迁中，从乡土社会进入现代社会的过程中，我们在乡土社会所养成的生活方式处处产生了流弊。"贺雪峰在《新乡土中国》中提

出我国现在的乡村社会是一个"半熟人社会"。1990年以来,随着经济发展和农民流动的增加,社会正在发生巨大变化。尤其是2000年以来,大量农民进城务工经商,传统的相对封闭的村庄结构解体,村庄边界日渐模糊,村庄社会多元化和异质化增加,村民之间的熟悉程度降低。村庄传统规范越来越难以约束村民的行为,村庄的内生秩序崩塌。村民对村庄的主体感逐步丧失,越来越难以依靠内部力量来维持基本的生产生活秩序。①阎云翔(1990)提出:"非集体化后,国家对地方社会干预的减少引起了在私人生活发展的同时公共生活的迅速衰落,村民的个性和主体性的发展基本被限制在私人领域之内。这种私人生活的变革,导致了自我中心主义的泛滥,他们只强调个人的权利,却无视应有的义务与责任,最终沦为无公德的个人。"②阎云翔将这一时期称为中国社会的个体化时期。"个体化"是由德国社会学家贝克和英国社会学家鲍曼、吉登斯提出的一个概念,指个体从旧有的社会性羁绊中脱嵌出来的过程。阎云翔将个体化引入中国乡村社会的研究之中,并且认为中国到目前为止经历了两次个体化:第一次是改革开放初期,人们从无所不包的计划经济体制和高度集中的全能主义国家中脱嵌出来;第二次是从20世纪90年代开始,主要发生在人与人之间的社会关系领域,越来越多的人从地方性共同体、家族、家庭乃至亲密关系中解脱出来,把日常性生产和生活关系转变为即时性交易关系。在一些个体化严重的乡村,社会本身已经软弱无力,对个体起不到任何的约束作用。人们各行其是,"为自己而活",同时也只能"靠自己而活",乡村社会总体性结构转变为离散性结构。③田毅鹏(2010)总结了社会原子化理论的谱系,将这一时期称为中国社会的原子化时期。④社会原子化的实质首先在于中间组织的缺失导致的社会失灵。个人间、群体间社会联系薄弱,社会纽带松弛。传统时期的家族士绅和集体化时期的人民公社都充当过中间组织,用上文阿伦特的比喻就是"共同的桌子",为人们的交往和交流提供了一个纽带和渠道。其次是个人与公共领域的疏离。个人与公共世界的"联结"是社会总体联结体系中最为关键的环节。任何一个成熟的文明社会都是建立在一些基本的、真实的社会联结基础之上的。其中最为重要的联结,应是介于国家与个人之间的社会初

---

① 张乐天:《告别理想——人民公社制度研究》,东方出版中心1998年版。
② 贺雪峰:《新乡土中国》,北京大学出版社2013年版。
③ [美]阎云翔:《中国社会的个体化》,陆评等译,上海译文出版社2012年版,第2-33页。
④ [美]阎云翔:《私人生活的变革:一个中国村庄里的爱情、家庭与亲密关系1949—1999》,龚晓夏译,上海书店出版社2006年版,第35-43页。

级群体及其相应的组织团体。而走向原子化的社会则恰恰破坏了上述基本联结，使个人直接面对国家，导致社会内部松散，组织能力差，在表达利益诉求、维护个人权益时，往往以原子化的个人去面对政府和社会。最后是规范失灵导致社会结构"碎化"。公共性是社会组织的基础，其迅速走向消解，必然引发严重的社会失范。

## 第二节　基层治理中的公共性缺失

进入个体化和原子化时期后，我国城乡基层社区治理面临多重困境。

一是治理主体的流失。舒隽（2018）认为有才能、有本事的年富力强的农村精英"出走"引发的"虹吸效应"，带来的是大量农村剩余劳动力开始离土进城、务工经商，留下的多是老、弱、妇、幼、病、残等弱势群体和以混混为代表的灰色群体，产生了"有房无人住、有田无人种、有家无人守、有老无人养"的疏离化、空心化现象。① 这一现象的持续加重，直接导致乡村社会治理人才流失，乡村治理主体明显萎缩，许多村委会干部老龄化，青黄不接、后继无人。很大程度上，中国乡村治理主体流失、大规模劳动力外流导致的农村空心化、老龄化和非农化等，构成了中国社会走向衰败的主要原因。

二是内生性权威的式微。马克斯·韦伯提出任何一种组织都是以某种形式的权威作为基础的权威，权威可以消除混乱、带来秩序，没有权威的组织是无法带来秩序的。如果以组织为边界，按照权威生成的边界，可以将权威分为内生权威和外生权威。村庄权威的生成具有二元性——行政嵌入和村庄内生。显然，乡政村治这种由村干部作为国家的委托人，代理国家治理乡村的形式属于外生权威，村"两委"干部的行政化消解了村民的信任感。乡村内生权威式微，很多可以充当内生权威的精英外流，乡村再无一个将内部团结起来的核心。

三是行政抑制自治。董运生、张立瑶（2018）指出目前的村民自治制度趋于行政化。村民委员会是群众性自治组织，是村民的代言人，但在实际运行中，村民委员会主要是对上负责，不能满足村民的各类诉求。② 乡镇政府与村民委员会形成领导与被领导的关系，代表村民利益的村民委员会受制于乡镇政

---

① 舒隽：《乡村治理变迁与新乡贤的当代表达》，《浙江工商大学学报》2018年第5期。
② 董运生、张立瑶：《内生性与外生性：乡村社会秩序的疏离与重构》，《学海》2018年第4期。

府，将大部分精力用于被动地落实政府工作安排，削弱了村民自治的基础。传统治理资源和现代治理体系难以衔接，行政抑制自治。

四是乡村公共服务供给不足。李宁（2017）发现我国农村基础建设资金主要依靠村社自筹，但除了部分乡村集体经济实力较强之外，大部分农村地区的集体经济都比较薄弱，缺乏集体经济的基础和资金筹集困难，导致农村各项社会化服务和公共事业难以为继。①

五是乡村文化道德断层。白现军、张长立（2016）指出，改革开放以来农村社会经济快速发展，农民的物质生活水平和农村生活环境大为改观。② 然而，物质文明建设的巨大成功并没有带来精神财富的必然增加。相反，由于城乡之间的交流融合日益密切以及信息获取方式的日益便捷，农村社会文化发展呈现出多元化趋势，一些不良社会风气也随之抬头并不断蔓延。部分地区农民闲暇时间以赌博取乐，甚至有些农民嗜赌成性或吸毒成瘾，进而引发家庭矛盾或邻里纠纷。

社区共性的消解是缓慢的也是易感知的，主要表现在以下几个方面。

其一是公共经济的消退。在家庭联产承包责任制实行后，集体性的生产变成家庭式的，村集体经济迅速走向衰落，村集体掌握的公共财产减少，对土地的分配权丧失。村集体只管理山林和池塘等集体资产，主要经济收入是山林、池塘等出租的租金，村集体经济陷入困境。

其二是公共空间的衰落。村庄的公共空间、祠堂广场等因村庄空心化、无人维护而快速衰败。村庄的集体收入不足，自筹修缮公共空间遭遇"搭便车"的困境，导致村庄的公共设施破落不堪。

其三是村庄的公共规则解体。在人民公社化时期，家法族规被集体主义规则击碎，乡村内生的公共规则被行政规则取代。而人民公社退场后，其集体主义规则也随之消散，村庄一时间没有新的公共规则替代，公共秩序陷入混乱。

其四是公共交往随之减少。随着市场化的进程，村庄的公共交往活动被看电视、上网等私人活动所取代，家庭之间的院墙越建越高，村民互相串门频率减少，甚至闭门不出，互惠性的帮工变成即时性的金钱交易。

五是公共文化的整体衰落。乡村的祭祀活动越来越简约，舞龙舞狮等乡村大众文化消失，村庄的传统文化被消解，无人传承。且目前我国的乡村建设也

---

① 李宁：《乡贤文化和精英治理在现代乡村社会权威和秩序重构中的作用》，《学术界》2017 年第 11 期。

② 白现军、张长立：《乡贤群体参与现代乡村治理的政治逻辑与机制构建》，《南京社会科学》2016 年第 11 期。

普遍存在着"重经济、轻文化"的困境，导致了乡村的文化设施匮乏，农村的公共文化呈现日益衰落的现象。乡村公共性的消解意味着村庄的内聚力越来越弱，村民对村集体事务越来越冷漠，超越个体和家庭的组织力不复存在，村集体失去组织能力和动员能力。乡村在纵向难以被村委会、乡政府组织起来，横向难以与其他村民形成合作，犹如一盘散沙。

## 第三节　基层社会组织的公共性价值

"公共性"是组织动员群众的内生型力量，是促成社会团结的重要机制，可以使个体超越自身利益而关注公共生活。"公共性"与目前我国所倡导的共建共治共享的社会治理制度不谋而合，是促进人人有责、人人尽责、人人享有的社会治理共同体的建成的非强制性力量。

目前，乡村社会中宗族型的公共性日渐式微，想要复兴这个传统宗族力量的公共性似乎不太现实；行政强制型的公共性与目前我国倡导的社会协同治理这一服务型政府的理念有所违背。社会需要一些新的主体构建出符合现代化社会发展的公共性。

前文学者们在对公共性的内涵与公共性的消解论述中都提到了目前我国社会缺乏介于国家与个人之间的社会群体及其相应的组织团体的问题。这些社会群体及其组织可以组织起原子化的个人；可以代表集体表达利益诉求，促成集体行动。我国基层社会的公共性演变，使社会组织日益成为公共性的重要开拓者。传统时期的宗族型公共性是有自治而无行政，所谓"国权不下县，县下惟宗族，宗族皆自治，自治靠伦理，伦理造乡绅。"而集体化时期的行政型公共性是有行政而无自治。国家全能主义将每个个体纳入国家行政范围内，击碎了社会自治的根基。社会组织可以在行政与自治的交汇处创造出一种符合现代社会发展的新的公共性。有学者认为，当前中国基层社会结构是行政性与自治性互嵌的重叠结构，其呈现出的特点是"政府与民间自治力量之间不同程度的协作、妥协、合作，使得基层社会的运作兼具行政性与自治性，从而衍生出一种双重性质及兼容式的运作方式"，在其中起作用的就是社会组织。①

基层社会组织的公共性价值，是行政与自治的交叠融合（见图2-1），对于解决目前我国的城乡基层社会治理困境和探索构建现代化的基层治理体制具

---

① 吴理财：《公共性的消解与重建》，知识产权出版社2015年版，第147页。

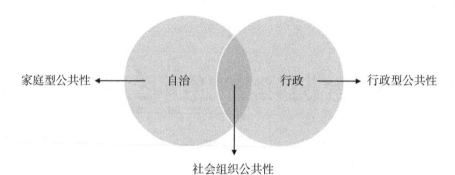

图2-1 基层社会组织的公共性价值

有重要意义。针对目前我国乡村治理的困境,需要在一些城乡社区范围内开展公共活动和提供公共服务,以满足农民需要为目标,这就需要一些介于政府与企业之间的,不以营利为目的,主要展开各种公益或互助活动的社会组织。

首先,基层社会组织是传统治理资源和现代化治理体制的有机结合。基于中国基层社会的熟人社会或半熟人社会特性,基层社会内部的治理事务琐碎繁杂且不能完全用法律解决。需要借助传统的治理资源,比如乡贤文化。乡贤文化凝结着古人治理基层社会的智慧和经验,是千百年来促进基层社会稳定有序和持续发展的重要基石。将城乡基层精英纳入社会组织当中,使乡贤这种内生性权威资源得到利用,提升城乡基层自治的能力。乡贤热心城乡基层事务,多有为城乡基层事务奉献的无私精神和反哺家乡的自愿精神,建立基层社会组织可以充分利用乡贤的治理资源。同时,社会组织与宗族势力有所区别,它是在现代法治下实现自我管理自我服务的组织,有明确的组织章程,与宗族的家法族规大大不同。

其次,基层社会组织的发展符合国家治理的需要。目前的基层社会治理是在国家主导下展开的,基层社会治理结构是在现代国家体系建构背景下展开的,国家权力已经渗透到城乡基层社会,并在城乡社区建立起包括法治等各种制度在内的现代国家治理体系。基层社会组织对共同体的重建,从某种意义上说是服从于国家构建有效的治理体系的需要。

值得关注的是,我国目前的资源向农村倾斜,项目下乡等公共产品和公共服务向农村地区输送,需要有社会组织引导村民更好地利用资源。社会组织建构的公共性,在行政与自治之间谋求合理的融合与合作,使外部资源与村庄的内生治理环境得到有效的结合,是目前建构公共性一个更为科学合理的现实路径。

# 第三章 公共性建构中的社区工作者专业化

## 第一节 社区工作者与社会治理

### 一、社区工作者的内涵和特点

根据民政部对社区工作者的定义，社区工作者指的是受聘于公共的社区组织或机构、接受专业的技能培训，在社区居民委员会从事社区管理及服务工作。主要包括社区居委会干部、劳务派遣工作者、公益协会志愿者、社区专职或兼职相结合的理论工作者。

然而，现在我国各地的社区工作者，主要是居委会的"两委"干部，通过每三年一届的换届选举产生，或者是由政府在第三方购买服务并派到社区工作。惠州市X街道的社区工作者主要也是由上述两种类型的人员构成，其在管理上基本是街道办一手包办，在如今的社区管理及发展上存在许多问题，主要表现为政府过度干预、社区职能不明晰、专业人才缺乏、分工不明确、留不住人才、人员素质偏低、准入机制不完善、社会认可度不高等。

随着社区服务的重要性越来越受到关注，社区工作者队伍建设问题也越来越受到有关部门的重视。社区工作者是社区服务的直接提供者，社区工作者的工作能力与社区服务水平是紧密相关的。因此，要提高社区服务水平，应先建立一支素质过硬的社区工作者队伍。

社区工作者队伍高质量建设的定义是，在科学的理论及政府相关政策的指导下，通过招聘、甄选、培训、报酬等多种管理的形式，对社区的工作者队伍进行有效的运用，以此来更好地为民服务，提高服务水平，完成社区日常相关工作任务，引导社区居民实现自治、自我管理的目的，从而满足社区建设发展的需要。同时,制定相关的规定对社区工作者进行相应的管理。对其实行管理的主体,主要是社区党支部、居委会、街道党委及民政部门。社区工作者主要包括居委会"两委"干部及合同制聘请人员。在日常管理中,街道办相关部门下发工作任务到社区,并通过工作情况、日常的工作态度及表现等对社区工作者进行考核。但实际上,对社区工作者的绩效考核只是通过年终居民代表对社区工作者评分来进行,大多居民代表对社区工作者的日常工作并不了解,对其评分并不能真实、准确地体现其绩效情况。另外,社区工作者的最终考评情况,是由街道、镇政府一起来评定,对绩效优秀者进行奖励,对不称职者进行惩罚,社区工作者完全受政府管理,严重违背了社区居民自治的规定。

因此,在民政部要求提高社区服务水平的趋势下,提高社区工作者的服务水平、加强社区工作者队伍高质量建设,成为提高社区服务水平的关键一环。

## 二、社区的治理效益

### (一) 社区的性质与定位

在空间范围上,社区具有一定的地域性,且具有明晰的界限范围,本书所研究的社区,为城市社区,不包括农村社区。目前,社区的范围,一般指的是居委会辖区。社区的社会属性主要是人们共同生活所形成的意识形态,在这个范围内,人们形成自身的社区文化,使社区成为有别于其他社区的小社会,人们通过各自参与社区内的各项事务,配合社区管理。在社区内人们的利益和权利是共同体现的,为此,社区需要具备主体资格,用于保障人民群众的利益诉求和权利的实施。

在我国,社区并非完全自治化,而是自治化和行政化并存的形态。社区的定位主要表现在以下三个方面。

第一,引导居民积极参与社区自治活动。社区的主要职责是通过策划、宣传及执行活动,引导社区居民能实现社区自治,并宣传政府相关政策及法律法规,以及社会公德和文明公约,教育居民依法履行义务,丰富社区的精神文明建设活动;组织社区居民召开居民代表大会,决议本社区内的各项公共事务;开展各式各样的社区便民活动,引入相关的服务项目,组织社区互帮互助及志愿项目活动;号召居民积极主动参与社会综治活动、开展群防群治,维护社会稳定,化解矛盾、调解纠纷,邻里友好和谐,家庭文明和睦;承担为本社区管理集体资产的责任,并做到公开透明,居务、财务公开;作为政府与群众沟通的桥梁,将群众的意见及建议及时反馈给政府,将政府的政策及时向群众广泛宣传。

第二，协助配合当地政府有关部门开展工作。社区作为政府与群众联系的纽带，负责协助政府有关部门进行与群众生活有关的社会稳定、社会文明、环境卫生、计划生育、拥军优抚、妇女儿童、劳动就业、贫困救助、住房保障、文明活动以及物业管理等工作，实现政府公共管理和公共服务在社区的全面覆盖。

第三，组织社区居民积极参与有关监督活动。社区应依法履行维护社区居民合法权益，负责组织及号召居民积极参与公共政策监督活动，同时对政府工作、社区的建设及公共服务等情况进行民主测评，对社区三通、活动场所、社区绿化等公共服务情况进行监督的责任。做好对社会组织、物业公司、业主委员会的引导及监督工作，维护社区居民的合法权益。

（二）社区管理的政策与制度

我国社区的管理主要是行政性的，结构主要为市—区（县）—街道（乡镇）—社区居（村）民委员会。社区居（村）民委员会是社区组织行政管理体系的最末端，主要受《中华人民共和国村民委员会组织法》的约束，该法规定了社区居（村）民委员会的性质、组成、职责以及权利与义务。各省市均会分别出台相应的政策及管理制度，如惠州市各社区适用的管理制度有《广东省村务公开条例》《广东省村民委员会选举办法》及《城市社区工作条例》等，通过相关的管理制度及办法等对社区的工作进行更加细致、更加具体的要求及指导，有利于居民充分行使监督权及实现居民自治。

随着社区工作的不断发展，国家及政府也陆陆续续颁布了相关的规范性文件及规章制度。比如，对社区的卫生管理出台了相关的国务院指导意见；对社区的禁毒和康复工作制定了相关工作制度；对社区的安全管理制定了社区警务的相关工作办法等。从而对社区日常管理工作提出更加具体化的要求，有利于社区更加规范地做好公共管理及公共服务。

## 三、社区认同

（一）共同体与社会

德国社会学学家斐迪南·滕尼斯最早提出"共同体与社会"这一概念。在日常生活中，人们常常混淆"共同体"与"社会"，认为两者概念相同。但是滕尼斯指出，共同体与社会之间有着本质性的差异。根据滕尼斯的解释，"共同体与社会"可以理解为"礼俗社会"和"法理社会"。这一概念的提出，对西方学者对于社会管理的理解产生了巨大的冲击，从而在社会转型方面的研究，也有了新的研究方向及突破。人们开始关注因集体到个人的转变而导致的个人身份的变化。他们主要关注的是在个人身份转变的过程中，能否形成独立的个体。滕尼斯认为"共同体"指的是身体和血缘的结合，这是共同体的本质，"礼俗社会"应是亲密无间、与世隔绝以及排外的共同生活，成员之间有着共同的价值观、传统观念等。而"社会"则是思想和机械的形态，是相互独立的个体之间的并存，如同"法理社会"的特征一样，人们是理智的、工于心计的，人与人之间的相处是以私利为目的，人与人之间的关系是契约关系，个人主义至上。共同体是持久的、真正的共同生活，而社会则是短暂的和表面的共同生活。共同体属于一种有机体，社会则是一种机械的聚会。

（二）共同体、社会与社区

费孝通把 community 一词翻译为"社区"及"共同体"，在当时的中国社会环境下，翻译为"社区"是比较合理的，当时的中国属于传统社会，比较注重地缘关系，人们的社会关系及活动都建立在"地域"范围内。如今，街道办事处及其所属的辖区负责社区服务及社区管理，根据《民政部关于在全国推进城市社区建设的意见》，城市社区的范围指的是经过社区体制改革后的居民委员会所管辖的辖区，可以看出，民政部是以居委会的辖区来规定社区的范围，并以此为中心来构建社区。

我们从单位人转变成为社会人，参与市场的竞争。把社区理解成自治组织，即滕尼斯认为的社区即"共同体"，在利益私有化及市场失灵时，他希望可以通过一定的居住地域范围，成立具有亲密关系、共同价值观的"共同体"。但是滕尼斯共同体与社会的观念还是存在着差异，滕尼斯的共同体是保持着传统社会的亲密关系。而我们在社会主义市场经济下，个人利益已经高度分化，并在此背景下建立社区组织，过去的"共同体"社会的管理模式已经不能满足如今的社会需求，面对如今的现代化社会，我们需要新的管理模式规范私有的利益关系，以实现社会和谐稳定、安定有序。

在当今的背景条件下，"社区"更多指的是根据地域、人口规模等因素而整合成的"法定社区"，其通过法律政策的建立及相关管理办法的规定，从而在社会上形成良好的社会秩序，并建立科学规范的制度环境。因此，社区实际上同时包含了"共同体"与"社会"的双重概念，当代城市社区的目标是实现现代制度化管理和服务。

（三）社区工作者队伍结构优化

根据《国家中长期人才发展规划纲要（2010—2020年）》，人才指的是具有一定的专业知识或专门技能，进行创造性劳动并对社会做出贡献的人。对人才的要素界定主要有三个方面：一是个人的基本素质要素，比如个人的学历、专业、技能或者知识；二是各要素之间所占的比例，以及不同的人才及不同的份额在整体中所占的比重；三是整体结构中多种要素之间如何互相促进及配合。

社区工作者是我国城市化建设不可缺少的人才，但全国各地对社区工作者的队伍结构都没有明确的标准，同时我国地域辽阔，社区工作者队伍庞大，也很难为社区工作者队伍制定统一的优化标准。为了使社区工作者的队伍结构更科学，本书将结合基层实际，并参考各地的优秀经验，从社区工作者队伍结构中的年龄、性别、学历、专业职称、工作经验五个角度进行分析。年龄结构指的是社区工作者队伍中各年龄阶段的分布情况；性别结构指的是社区工作者队伍中男女各占队伍中的比例；学历指的是社区工作者的学历水平及各种学历所占的比例；专业职称指的是社区工作者中具有各项技能专业资格证书的比例；工作经验指的是社区工作的年限。

## 第二节 加强社区工作者队伍专业化建设的必要性

习近平总书记提出："社会治理的重心必须放在城乡社区，加强社区服务和管理能力，社区就实了。我们国家真正的稳定，靠我们基层的同志。"在社会治理不断向基层下移的过程中，社区是政府与群众沟通的桥梁，社区工作者是社区工作执行的主体，提升社区工作者的工作能力是社会治理的基础和保障，加强社区工作者队伍专业化建设迫在眉睫。

### 一、可以更好地理顺政府与社区的关系

我国城市社区体制大致经历了"单位制""街居制""社区制"等阶段。从"街居制"开始，社区工作者作为国家政权及政策在基层的执行者，是带有政治性的角色。一直以来，各级政府及大部分专家学者都认为，在日常的管理过程中，为了使管理工作落实得更具体、更到位，社区必须参与到行政工作中，从而导致了社区承担的行政事务越来越多。而如今，在实行"社区制"的背景下，社区工作者仍然难以去除行政化色彩，主要原因在于，一是政府与社区形成了上级与下级惯性思维，习惯将工作任务下发到居委会，而居委会也习惯认为街道办下发的工作是本职任务之一；二是我国的公益组织、志愿组织等社会组织仍然需要行政部门监督及管理，未能满足社区的公共服务需求；三是

社区工作者以行政工作作为日常工作的重心,且政府各级部门下发的工作任务重,社区工作者每日忙于完成各项工作任务,对于公共服务及居民自治等相关工作也就无暇顾及。虽然人民群众对社区服务的要求越来越高,呼声越来越大,相关政府部门也在着力提升社区服务水平,但社区工作者日常承担的行政化工作的工作量已经非常的大,已无多余的时间及精力去完成社区服务工作。

以加强社区工作者队伍高质量建设为契机,倒逼政府及相关行政部门理顺社区与政府之间的关系。要提高社区工作者素质,优化社区服务结构及水平,首先应厘清政府与社区间的关系,引导社区强化自治管理模式,并使社区工作者从繁杂的行政工作中脱离出来,回归到社区工作者专业化、职业化的服务者角色。

## 二、为社区居民提供公共服务

随着城镇化的不断推进,城镇人口越来越多,人民物质生活水平等各方面也随着经济的不断发展而不断提高,人民群众对政府的期望也将越来越高,对公共服务的需求也将越来越多样化。比如,社区居民对环境卫生、社会治安、民政事务的要求更高了,同时,对社区提供的公共服务需求更多样化,如便民行政服务、法律法规咨询服务、纠纷调解等。相应地,对社区工作者的专业能力、职业能力要求也将越来越高。在日常提供社区服务的过程中,社区工作者需要面对广大的人民群众,将会遇到方方面面的复杂事务,这就要求社区工作者具备全面的服务水平和职业素养,具有较强的工作能力与问题应对能力,以及观察能力、表达沟通能力、理解判断能力等,还要具有处理突发事件的应变能力及决策能力。越来越复杂的社会环境对于社区工作者来说是一个越来越难的挑战。因此,加强社区工作者队伍高质量建设,从专业化的角度对社区工作者进行培养,才能建立专业技能过硬的社区工作者队伍,为人民群众提供专业化的社区服务。

## 三、提高社区公共管理水平

随着城乡社区体系的建立,面对日益复杂的社会环境,政府的管理越来越难以满足人民群众越来越高的要求,而更多的公共服务也将下沉到社区,由社区负责承担及做好社区居民的公共服务。面对庞杂的社区管理工作,为了更好地发挥社区自治的管理办法,社区管理越来越强调社区居民自治管理,而社区作为社区工作的基层组织,应肩负起引导居民向更成熟的方向进行社区自治的

基层治理中的公共性建构——基于广东城乡社区的经验观察与理论阐释

任务,这就要求社区工作者提高社区公共管理水平。社区工作者作为社区工作的执行者,其能力、素质、工作经验等各方面将影响到社区管理的水平。如在日常的社区服务中,社区工作者需要通过召开集体会议,开展公益活动、志愿活动等引导居民积极主动关心社区事务,主动参与到社区的建设与相关事项的决策中来,加强社区居民的"主人翁"意识。另外,社区在管理及服务方面可以通过引入第三方组织或机构,从而为社区提供多样化服务及提升社区的公共管理水平,如引进相关的志愿服务团队及公益协会,提供更多优质的服务项目。因此,通过社区工作者队伍高质量建设,能更好地进行专业化的分工,从而加快社区的创新管理,为提高社区公共管理及服务水平奠定基础。

## 第三节 社区专业型人才建设

社区工作者队伍的素质是影响社区服务水平的重要因素。社区工作者作为公共管理者,其用人标准应坚持德才兼备、以德为先;坚持任人唯贤;坚持事业为上、公道正派;突出政治标准,注重工作实绩。例如,在政府部门招录时,会根据工作的性质及内容设置岗位条件,主要包括学历、专业及资格证书等。根据惠州市 X 街道办统计的数据,社区工作者的学历大多以高中和大专为主,本科生仅有 3 名,大专学历占 51%,且大部分是电视广播大学等函授学历,并非全日制学历,整体学历水平仍然比较低。除学历以外,在调查的社区工作者中,没有人是学习社会学专业,仅有 4 人拥有助理社会工作师证书。在专业分布方面,社会学类专业人员为 0,管理学类占 32.53%,技术类占 33.73%,其他及无专业占 33.74%,社区工作者整体缺乏专业技能,在日常工作中,仅凭工作经验及日常生活经验等老方法解决问题。

随着经济的不断发展、城镇化的不断推进,社区人口越来越多,人民群众对公共服务的需求也越来越大,功能结构也越来越复杂,社区承担的责任也越来越大,担子越来越重,"小社区"承担着"大社会"的职责,社区的工作及服务的重要性也越来越受到关注。而根据调查结果,社区工作者队伍的文化素质、专业知识以及综合能力远远不能满足目前的工作需求。

一方面是学历层次不高,大专及以上的占 51%,其中全日制本科学历只有 3 人。虽然满足了每个社区有一名大学生的要求,但是大部分大专学历的是非全日制,且原本应安排在每个社区的大学生村官,因街道办人力不足等多方面原因,大多数都留在街道办工作,未实际安排到社区。整体来看,惠州市 X 街道社区工作者学历层次水平偏低,这给社区工作者的继续教育及专业化培训带来一定的难度。社区工作者队伍高质量建设是以社区工作者队伍的整体素质为基础，虽然学历不是唯一的决定性因素，但整体而言，一般学历层次与接受新知识的能力、处理问题的能力、工作效率及责任心等呈正相关关系。另外，社区工作者队伍中大专以下的占49%，严重拉低了社区工作者队伍的整体学历水平。据统计，大部分大专以下的社区工作者年纪在35岁以上，由于年纪较大，认为自己在社区工作已经拥有"铁饭碗"，对提升学历、加强学习等动力不足。该类人员在社区工作时间长，积累了丰富的社区工作经验，在面对日常的社区工作及问题时，常常用过去的经验、老办法来解决问题，而遇到突发事件或者棘手的问题时，因无相关的经验参考，仅能请求街道办协助解决。

另一方面是专业知识不足。随着社区居民对社区服务要求越来越高、越来越多元化，社区工作者需要具备的专业服务能力也将越来越多，如需具备法律、管理、心理、调解、护理等多方面的专业知识。通过调查，目前社区工作者的专业知识远远不能满足社区服务的需求。另外，目前X街道社区工作者中仅有4人获得助理社会工作师证书，虽然X街道曾要求在1970年1月之后出生的社区干部参加社会工作者考试，但大多数人都认为是否具有证书对自己的工作影响不大，且对待遇、晋升方面都没有帮助，因此大多数社区工作者只是服从安排去参加考试，未提前学习备考，通过率非常低，这也导致社区工作者队伍专业化的推进更加的困难。在做问卷调查时，许多社区工作者反映："近几年社区工作面对的问题越来越多，越来越复杂，尤其是调解纠纷，由于缺乏法律及政策理论方面相关的知识，在与居民调解时，常常感到非常吃力，无法妥善解决问题。"

## 一、科学制定三类人员的准入、退出制度

厘清了社区党组织、社区居民委员会及社区公共服务站三类机构的职能，同时应针对这三类人员分别制定准入及退出制度。

（1）社区党组织通常有5名或7名班子成员，成员应由社区党员通过直接选举产生。参加选举的成员必须符合社区工作领导小组制定的准入标准，而社区党组织书记则应具备更高的能力，不但要求有较丰富的社区工作经验，同时应具备管理等专业能力。

（2）对于社区居民委员会成员，则采用聘任与选举相结合的方式。首先，不能违背社区居民委员会是群众性自治组织这个事实，社区居民委员会成员应由本社区居民选举产生。而原居民委员会成员或街道聘任选派到社区的工作人员，都应经过选举产生，社区的换届选举应采用直接选举，只要是符合选举法

规定的社区居民，就有选举权和被选举权。对于新参加选举的人员，必须通过社会工作者职业水平考试，才可以参加选举。而原先已进入居民委员会工作队伍的社区干部，政府相关部门应定期为这类人员提供专业技能培训，并通过参加考试获得相关的资格证书，从而达到准入标准。

（3）对于社区公共服务站人员，该类人员的组成需由各政府部门选派，统一接受社区党组织管理，而编制及相关的工资待遇仍由原来的工作单位负责。由于社区工作者参与行政工作长期受到群众的质疑，同时缺乏相关的执法权，在管理的过程中难免身份尴尬。而社区党组织对于本社区的实际情况有天然的地缘优势，他们能更快更直接地发现问题，并为公共服务站人员分派工作任务，能更快更高效地为群众解决问题。

## 二、制定社区工作者队伍结构战略规划

受传统的直接任命方式及形式化选举的影响，社区工作者年龄结构偏向老龄化，尤其是社区书记、主任、副书记及副主任等职位，通常由年龄偏大的社区干部担任，老同志受传统观念影响，缺乏积极性及创新能力。因此，优化人才队伍结构迫切需求推进人才队伍年轻化建设。为此，根据人职匹配理论，把个人配置到合适的职位（岗位）或某个职位（岗位）上安排适应性较强的个人，科学合理的结构化战略，则是按该理论从顶层设计上为优化社区工作和队伍结构提供指导，在社区工作者招聘、培养及管理方面起到指导及约束作用。惠州市X街道在制定社区工作者队伍结构战略规划时，不单只考虑社区发展的需要，同时也必须兼顾个人发展的需要。根据目前全街道社区工作者的基本情况，并结合接下来社区建设发展及服务的需要，以实现社区工作者队伍专业化为培养目标，从职业生涯规划，人员的补充、流动、培养、退出等环节进行设计，为社区工作者队伍高质量建设提供方向指导。

同时，需注重发展储备干部。2019年惠州市公开招聘社区党组织书记储备人选共38人，将其纳入编外人员进行管理，对参加2021年社区换届选举并成功当选社区党组织书记、村委会主任的储备人选，将直接获得参加市面向社区党组织书记定向招聘事业编制人员的考试资格。这为社区领导班子的更新提供充足的人力资源储备。对于年轻的社区干部，同样地，应建立后备干部人才库，通过公平、公开、公正的考核，将优秀的、有潜力的社区干部纳入人才库，在日后的领导班子挑选时应优先考虑人才库人员，并为人才库人员制订特定的培养计划，为优化社区工作者队伍结构奠定坚实的基础。

## 三、优化社区工作者绩效考评机制

社区工作者考评体系应起到约束及激励的作用，应通过科学的制定绩效考评机制，调动社区工作者的积极性，提升社区工作者的工作能力。惠州市 X 街道制定的绩效考核办法，仅在年终测评会上考核社区工作者是否符合"德、能、勤、绩、廉"的履职标准，不但过于简单，更无法反映社区工作者的能力及日常表现。为了让绩效考评机制真正地发挥提高工作效率、优化社区工作者队伍结构的作用，则需要把"德、能、勤、绩、廉"的定性标准，通过结合日常的工作内容、是否完成工作任务及达到的效果进行细分量化，并对"优秀、称职、基本称职、不称职"赋予相应的分值。另外，考核及指标的内容应根据级别及岗位的不同来分别设置对应的考核标准。对于领导级别的干部，应侧重考核领导力、决策力、创新管理等管理能力。而对于普通的社区工作者，则应侧重考核执行力、业务水平能力等。

考核应分为平时考核与年度考核，平时考核是年度考核的重要依据，因此需要加强平时考核的力度。建议为每个社区干部建立个人数字档案，数字档案应包含个人的基本情况，如年龄、学历、专业、证书、岗位等，并在个人数字档案中做好每日的考勤、每月的考评及每季度的评鉴，同时全面记录每个人的考核结果、个人表现、奖惩情况等，并对每项进行量化计分。年终测评的对象为领导班子及社区每一位工作者，社区领导班子的测评来自街道工作组、社区工作者及居民代表，而普通的社区干部的测评则来自社区领导班子、社区工作者及居民代表。通过个人的基本情况、平时考核及年终测评的综合得分来确定每位社区工作者的考评结果。

最后，则是需要重视发挥考评结果的作用。对于工作能力强、态度积极的社区工作者重点培养，而对于不愿干事、态度不端正者采取谈心谈话、批评教育等方式进行纠正，如仍无改善，则需清除出队伍，充分体现绩效考评机制的能上能下、优胜劣汰、优化社区工作者队伍结构的重要作用。

# 第四章 自组织与社区营造：秦汉实践及经验

## 第一节 自组织与社区营造

### 一、自组织与社区营造

"自组织"与"他组织"是相对的概念，自组织依赖成员的合作实现发展，这类成员自愿加入组织，组织采用自下而上的方式形成权力体系；关系和信任是自组织的重要因素，因而为了建立和维护关系，自组织治理会产生关系成本。社区自组织与社区社会组织既有区别也有联系，民政部在《关于大力培育发展社区社会组织的意见》一文中明确指出社区社会组织是"由社区居民发起成立，在城乡社区开展为民服务、公益慈善、邻里互助、文体娱乐等活动的社会组织"[1]。社区社会组织包含社区自组织，其含义较广泛，社区自组织是其中的一种组织类型。

"社区营造"是由"政府引导（不再是政府主导和管控），民间自发、NGO 帮扶，使社区自组织、自治理、自发展"[2]。社区营造的过程重视居民的自治性，是在政府支持、社区能人参与，以及带动社区成员积极参加的前提下，通过改善社区物理环境，改善社区人际关系，营造社区良好氛围，推动和

---

[1] 《社区营造及社区规划工作手册》写作小组：《社区营造及社区规划工作手册》，清华大学出版社 2019 年版，第 18－221 页。

[2] 《社区营造及社区规划工作手册》写作小组：《社区营造及社区规划工作手册》，清华大学出版社 2019 年版，第 18－221 页。

谐、幸福社区建设的本土性社会文化活动。社区营造分为自组织形成和自治理两个阶段,动员社区人与人之间的关系、建立乡规民俗、寻找社区能人等是自组织形成阶段的内容,也是社区营造的初始阶段;到了第二个阶段即自治理阶段,则是由于组织的规模扩大,从单一的文体娱乐的兴趣组织上升为能为社区提供广泛服务的组织,形成了一定的自治理机制。自组织治理是社区营造的前提和理论基础。

## 二、里治和社区

"里治"产生于秦汉时期,秦汉封建专制主义中央集权不断加强,国家实行郡—县—乡—里的地方行政制度,"里"是最小的基层行政单位,国家的政策法令通过上传下达,最后通常由"里"负责具体执行。秦汉的"里"是在一定的区域范围内管理"里"内居民的基层组织。本书所研究的"里治",指的是秦汉时期基层行政单位"里"的治理。本书"里"的治理,既包括执行上级政令即所谓的"法治",又包括"里"内民众的自治组织和自治行动。

"社区"的概念最早出现于1887年德国社会学大师腾尼斯发表的《共同体与社会》中,即"Gemeinschaft"(德文,一般译为共同体、团体、集体、社区等),滕尼斯认为的"社区",是指"人们之间因为共同居住、自然意愿和交往密切而形成的一种'共同体'形态"[1]。19世纪30年代,"燕京大学吴文藻先生带领费孝通等人在翻译此书时,首次将英文'Community'翻译成'社区'一词"[2]。2000年中共中央办公厅和国务院办公厅转发的《民政部关于在全国推进城市社区建设的意见》明确指出,"社区是指聚居在一定地域范围内的人们所组成的社会生活共同体"[3]。

秦汉的"里"是我国历史上基层自治组织的源头,"里"和当代社区都是国家统治下的基层自治组织,秦汉的"里"可以看作社区在中国的原始形态。

---

[1] [德]斐迪南·滕尼斯:《共同体与社会》,林荣远译,商务印书馆1999年版,第58-145页。

[2] 吴群刚、孙志祥:《中国式社区治理:基层社会服务管理创新的探索与实践》,中国社会出版社2011年版,第1页。

[3] 中共中央办公厅、国务院办公厅:《关于转发〈民政部关于在全国推进城市社区建设的意见〉》,http://www.cctv.com/news/china/20001212/366.html,2000年12月12日。

基层治理中的公共性建构——基于广东城乡社区的经验观察与理论阐释

## 第二节 秦汉"里"的社区治理功能

社区治理是指"在市场原则、社区认同和公共利益的指导下,社区居民、政府、社区组织等组织之间协调合作,为社区提供公共物品,满足社区的公共需求,优化社区公共秩序的过程与机制"①。社会治理的问题也是社会的民生问题,是构建和谐社会背景下的重点、难点,它包含多方面的内容,诸如社区服务、社区文化、社区治安、社区环境以及完善社区的组织体系等;它的根本目的是解决社区困难,推动社区基础设施建设,提高居民生活质量,从而促进社区的和谐稳定。

秦国实行"以吏为师,以法为教"的治国手段,人民生活在高压之下,虽然秦二代而亡,但秦国的基层社会却能在一定时期内处于平稳的状态,汉代承袭秦制并做了相应的改善,对于"里"的治理手段更为妥当,受到百姓的欢迎。秦汉里治作为我国基层自治组织的源头,"里"的强大治理功能的实现不完全是依靠严刑苛政,"里"丰富的治理功能中蕴含的思想"软控制"和宗族组织体制下的协作互济精神共同构成了秦汉里治独特的文化治理路径,使得基层百姓在国家严密的控制下,既在思想上愿意服从管制,又能在行动上发挥"里"的自治功能,实现"社区营造"。

### 一、伦理教化的思想导向

#### (一) 礼治思想的教化与社会和谐作用

"在世界历史中,没有任何一种文化及制度的生命力可与中国的'礼'相提并论。中国的礼,虽然古老却生命力极强。"② 中国的"礼治"渊源甚久,主张以礼治国,是国家用来约束百姓的一种体制或规范,早在夏、商、周时期已出现,最为完整和具有代表性的就是周公的《周礼》,为后世留下了宝贵的借鉴经验。《左传》中便有"礼,经国家,定社稷,序人民,利后嗣也"③。意

---

① 邵丹华:《"互联网+"背景下智慧社区治理研究——以下街道为例》,华东政法大学硕士学位论文,2018。

② 马小红:《礼与法:法的历史连接》,经济管理出版社1997年版,第13页。

③ (清)洪亮吉:《春秋左传诂》,中华书局1987年版,第206页。

思是"礼"是治理国家、安定社稷、维护秩序、统治人民、利于后代的治国工具。春秋初年，礼治理国家的作用已经受到人们的重视，儒家创始人孔子所编的六经中，其中之一就是《礼》，孔子将礼看作用以约束人行为的一种基本准则，正所谓"非礼勿视，非礼勿听，非礼勿言，非礼勿动"。儒家的另一代表人物荀子则主张实行礼治，认为礼不仅是人的行为准则，更是为政之基。而成书于西汉的《礼记》实则是对先秦时期礼制的汇编，体现了先秦儒家在哲学、教育、政治、美学等方面的思想，对当代研究儒家文化、传播品德教育、构建和谐社会有着重要的文化借鉴价值。

秦统一六国后，采取"车同轨""书同文"等制度来巩固国家的统一，但秦的大一统局面建立是依靠法家的刑治手段和不断地战争。秦王朝推崇的是"以吏为师，以法为教"的治国手段，在帝国刚建立时，面对复杂的政治局面，国家急需恢复平稳和谐的经济生产秩序。从政治文化的角度出发，秦朝虽然对各地各诸侯国不同的风俗和文化习惯予以包容，以达到对诸侯国的真正控制，但是依旧沿用严刑苛政的政治手段，且制定了虽然完备但是十分严苛的《秦律》，轻罪重罚，给民众展示的国家统治思想和政治意识形态是暴力和严苛的刑罚，一味加强专制主义，人民生活在高压之下。秦王朝没有及时做好国家治理和社会整合中的权能和职责转变，未能营造和平规范的社会氛围。严刑苛政、横征暴敛导致民心失散，社会动荡，最终加速了帝国的灭亡。

秦二世而亡的短命结局给后代统治者提供了前车之鉴。汉初经济凋敝，民生多艰，汉高祖刘邦吸取秦因暴政而灭亡的教训，改变对社会的控制方式，以仁攻心，"以适应当时宗法社会现实的'亲、尊'的温和取民方式，重新塑造统治秩序"①，采用与民休息的黄老思想，与秦的暴政统治产生了巨大的反差，得到了百姓的拥护。在治国学说上，刘邦则采用了以陆贾、贾谊等人为代表的礼治学说。陆贾认为秦王朝如此快速灭亡的原因是过度施行严刑峻法，使得民众生活在重压之下，无所适从。他主张汉初应该采用新的治世方法，"以儒家'仁''礼'为主，兼采集道家'无为而治'"②，逐步从战争年代过渡到和平稳定的时期。在汉承秦制的基础上，修正"以吏为师，以法为教"的准则，同时保留秦时有效的法治原则，重德轻刑，重礼轻力，认为应重视"礼"在国家治理中安定天下的作用。贾谊则进一步推进了礼治的思想，且继承了荀子的"民本"思想，认为"民安则国安，民安则国兴"。在贾谊的《新书·大政下》中

---

① 李禹阶：《秦汉社会控制思想史》，中国社会科学出版社2017年版，第80－86页。
② 李禹阶：《秦汉社会控制思想史》，中国社会科学出版社2017年版，第80－86页。

基层治理中的公共性建构——基于广东城乡社区的经验观察与理论阐释

还明确指出了道德教化的重要性,"教者,政之本也;道者,教之本也。有道然后教也,有教然后政治也,政治然后民劝之,民劝之然后国丰富也。故国丰且富,然后君乐也"①。贾谊主张以礼为核心,通过教化的传播方式来构建国家的政治秩序,且他认为的教化对象不仅是平民,还有君主和太子。为汉代礼治做出贡献的还有主张制礼乐的叔孙通、德主刑辅的董仲舒等,汉代的礼治在逐步推行与确定。"事实上,无论是孔子、孟子,还是荀子和董仲舒,他们都主张要变通趋时,与时俱进,重视思想引导,以期建构层级有序、长治久安的社会"②。虽然封建统治者的礼治思想最终是为了巩固专制主义的中央集权制国家政权,但礼治思想的传播和发展,为汉代在国家治理的方方面面都提供了政治文化上的指引,对百姓安居乐业、国家稳定和谐起到了重要的作用。

### (二) 儒家教化思想的民间舆论作用

我们都知道汉武帝时期提出"罢黜百家,独尊儒术"的主张,但儒家思想并不是在汉代才得到重视,在春秋战国百家争鸣的时代,儒家思想以其独特的入世思维、"礼"治的思想得到了不同程度的重视,甚至在政治、经济、文化等方面都产生了不同的影响。

儒家受到重视的一个原因是顺应民意,讲究以"礼"治天下,强调统治者要爱人民,著名的言论之一就是孟子的"民为贵,社稷次之,君为轻",被称作"民本"思想。但"儒家重视民意,同时也重视教化民众"③,有学者认为"孔孟政治思想的价值标准,就在于它对社会各个阶层都有好处,统治者爱之,在于它有利于统治者治理国家;人民爱之,在于它有利于人民生活和社会的安定"④。儒家的教化思想之所以受到统治者重视,最根本的原因是其有利于社会的稳定、国家的长治久安。正所谓"上有所教,下有所行",通过教化,把仁、义、礼、智、信等思想灌输于民,引导民众向善,服从国家的统治,从而安定社会秩序,维护国家稳定。

为了使国家的政治思想传播到基层民众,两汉都主要运用教化的传播方式,以期通过教化思想的传递对民间舆论起到导向作用。通过学校教育和乡里教化两种形式向民众灌输教化的思想,学校教育有国家专门设立的官学,教化知识、礼义,为国家培养人才;乡里教化则设有序序,给乡里的子弟提供学习

---

① 李禹阶:《秦汉社会控制思想史》,中国社会科学出版社2017年版,第80—86页。
② 李宗桂:《汉代礼治的形成及其思想特征》,《哲学研究》2007年第10期。
③ 付开镜:《先秦汉唐传统政治文化研究》,人民出版社2016年版,第16—17页。
④ 付开镜:《先秦汉唐传统政治文化研究》,人民出版社2016年版,第16—17页。

知识的场所,还有专门的官吏乡三老、里父老等,作为民众间"有高德"的代表,负责教化于民。

虽然秦汉已经由先秦时期的血缘宗法制下的分封制转为专制主义中央集权制,但在基层乡里中,血缘宗法的观念依旧根深蒂固,因此只能依靠有着浓厚宗法背景的乡三老和里父老来维系基层里民的关系,将国家的政治思想通过教化的形式传递给基层民众。"中国古代社会的血缘宗法制是以父子关系为核心的"①。父慈子孝毫无疑问是维系父子关系的核心,也是国家社会极其重视的礼法,秦汉均对孝行十分看重,以孝悌教万民,对不孝罪有不同的量刑,以此警示世人重视孝道。

## 二、乡里自组织系统的互助救济传统

### (一) 宗族对乡里成员的救济

两汉之际,战乱频发,沉默许久的宗族组织又开始团聚起来,一方面,宗族与豪强凭借权财物力开始影响乡里的管理,甚至影响乡官里吏的选任,干扰了乡里组织的正常秩序,但另一方面,宗族对乡里成员的救济也缓和了社会矛盾。除了战乱时期的影响秦汉时期农业技术水平还较低,极易受自然灾害的影响而发生饥荒。此外,诸如水灾、旱灾、虫灾等,都是两汉时期较为频繁发生的自然灾害。有学者统计,"在西汉至东汉 400 来年中,不同类型的自然灾害发生了 346 起(次),自然灾害的年平均发生率接近百分之八十五,平均 1.156 年发生一次"②。如此高频率的灾害对小农经济的发展无疑是个不稳定因素,一旦发生严重的自然灾害,对社会经济、政治稳定都会产生剧烈的冲击。天灾人祸使得里民的生活产生了许多不稳定因素,但政府的救济是有限的,此时乡里中的宗族救济则对乡里的稳定产生了极其重要的作用。

#### 1. 对贫困族人的经济救济

《四民月令》里记载了宗族对族内定期救助的内容,"三月,乃顺阳布德,振赡匮乏,务先九族,……忍人之穷";"九月,存问九族孤、寡、老、病不能自存者,分厚彻重,以救其寒";"十月,……,同宗有贫寡久丧不堪葬者,则纠

---

① 丁阳:《汉代教化对民间舆论的导向作用:以日常生活中的传播为例》,广西师范大学硕士学位论文,2012。

② 赵晔:《两汉时期自然灾害与社会救灾的统计分析》,《中国统计》2014 年第 1 期。

合族人，共兴举之；以亲疏贫富为差，正心平敛，毋或逾越"①。这说明宗族会在不同时期，对族内生活贫困，孤、寡、老、病不能自理的人以及亲人过世却无法承担丧葬费的族人进行救助。当然这种记载应该是较为理想的状态，同时也透露出宗族内的救助主要是以血缘的亲疏为原则来进行的。《后汉书》对宗族救济族亲有很多记载，《朱晖传》中记载了东汉时期南阳发生严重的饥荒，南阳人朱晖散尽家产，分给宗里故旧；《种暠传》中的种暠把当县令的父亲留下的三千万家财，都用来救助抚恤宗族以及乡里的贫困者；《刘翊传》中的刘翊为乡族中的贫困者办理丧葬殡仪，帮助寡妇再行婚配……宗族对乡里的救济无形之中加强了宗族的凝聚力。

### 2. 对族内孤寡的抚恤

除了对宗族中的贫苦族亲在经济上给予帮助以外，因天灾人祸而导致的孤寡也通常由宗族姻亲来承担，这是中国宗法制的传统。比如王莽除了赡养母亲，还同时赡养寡嫂以及兄长留下的儿子。京兆人第五伦，在遇到大饥荒，"米石万钱"，甚至出现人相食的情况时，依然担负起收养孤兄的儿子和外孙的责任，把自己的粮食分给他们，坚持到了最后，被乡里称贤。除了抚恤族内孤寡，还有愿意收养朋友遗孤的，河南人任俊，宽厚有度，在遭遇饥荒之时，"收恤朋友孤遗，中外贫宗，周急继乏，信义见称"②。通过宗族、姻亲、朋友的力量，寡妇遗孤得到了妥当的安置，不至于饿死荒野，宗族在这方面起到了至关重要的作用，使得族人更加依赖宗族组织。

### 3. 对乡里事务的支持和保护

此外，乡里大姓还经常督促乡里的生产活动，主持乡里的丧葬、婚嫁等活动，在里民的日常生活中起到不可或缺的作用，特别是到了东汉末年，社会动荡，战乱频起，政府常常自顾不暇，宗族反而成为民众的保护伞，乡里大姓凭借宗族的凝聚力，组织族人修建坞堡，武装自卫，或者带领族人向安全地迁徙，这些都是由宗族中有名望的强者组织领导。如《三国志》中记载的东汉末年的许褚，"聚少年及宗族千余家，共坚壁以御寇"③，而有些豪强宗族在组织族人抵御入侵的过程中慢慢拥有了强大的武装力量，甚至发展为新的地方割据势力。这些宗族军事组织的发展是一把双刃剑，一方面维护了族人的生命财产安全，另一方面又成为社会新的不稳定因素。

---

① 缪桂龙：《四民月令选读》，农业出版社1984年版，第11－31页。
② （西晋）陈寿：《三国志》，中华书局1959年版，第489－543页。
③ （西晋）陈寿：《三国志》，中华书局1959年版，第489－543页。

## （二）以单为主要形式的民间互助组织

面对频繁发生的自然灾害，政府及宗族的救助固然是一种保障，但这种保障是有限的，保障的范围也不可能涉及方方面面，而到了西汉中后期，国家控制力量弱化，社会救助也就未必能及时地实施到位。对于底层民众来说，为了生存下去，就不能坐以待毙，等待国家和宗族的救助，为了生存，基层民众逐渐组织了以"单"为主要形式的互助组织，依靠单中的集体力量来共同抵御天灾人祸，在生产生活中互帮互助，这样的单组织一般是出于共同的利益。除了"单"，还有以"僤"和"弹"命名的社会组织，虽然没有正式的记载，但其真实性却可以通过出土的石碑和官印等验证。

### 1. 以解决里部祭祀问题为目的的"父老单"

古代的祭祀活动意义重大，祭祀内容有求雨、止雨、日常保平安等，祭祀的程序也非常繁复，首先是需要大量供品，除了必备的肉类、酒水，还有日常五谷杂粮、生活必需品之类；其次是祭祀的乐器和服装道具，祭祀必有器乐伴奏，主持祭祀及参与祭祀的人还会有专门的服饰；此外，还有祭祀所用的特殊用品，不同的祭祀活动用品不一。因此，一次祭祀活动所需的开支就不小，更何况是在封建迷信思想浓厚的古代，求雨、止雨、春秋社祭等祭祀活动受到民众的高度重视，但是如果把高额的祭祀费用摊派到每一户中，有些家庭是无力承担的，因此便出现了为了解决祭祀经费问题而设的"父老单"，由里中较有威望的人牵头，担当里祭尊，负责里内的祭祀活动，由里祭尊倡导组织中经济情况较好的里民出资，来解决祭祀的经费问题。

### 2. 减轻徭役负担的"正卫弹"

汉代还有为了减轻徭役负担而组织的"正卫弹"，"正卫"指的是服正卒和卫士的男子。东汉时社会动荡，政权不稳，国家的徭役制度也遭到影响，依靠国家的制度和政府的力量无法组织正常的徭役征派。汉代县令刘熊组织百姓建立"正卫弹"，用来组织征发劳役，虽是由官吏发起，但实则是民间的组织，由弹内的百姓自主协调，通过政府贷款的形式来筹集资本，利用赚取的利息雇佣劳动力，从而减轻兵役带给群众的负担。"正弹"内的百姓成员只需要缴纳部分银钱，便可由官府出面雇佣临时的劳动力来代役。"正卫弹"在一定程度上减轻了百姓的徭役负担。

### 3. 互助农业生产的"街弹"

虽然汉代的小农经济有所发展，但总体来说农业生产技术还是较为低下，生产工具落后，汉代普遍使用二牛合耕法，而二牛合耕法需要两人以上一起合作。授田制的实施使得每家每户都有农田耕作，耕作也是以各家为单位进行的，当遇到家庭劳动力不足时，耕作就很难进行，为了提高农耕的效率，出现了以农业生产为目的的互助组织"街弹"，邻里间互相帮助，共同耕作，更有利于提高农业生产。

除了以上这些互助组织，出土的碑文和官印中还有诸如"长寿单""益寿单""酒单""孝子单"等互助组织。"长寿单""益寿单"应是一种养老的互助性组织，组成单的人家各自捐出部分钱财物共同存起来，当单中某户人家的老人出现疾病或病逝等情况，单里便会提供相应的物资财资互助渡过难关；"孝子单"则可能是为了办理丧事而组成的组织；"酒单"可能是为了承办集体宴饮相结而成的组织。"单""弹"等组织的出现跟国家政局不稳以及对基层的控制力弱化有着一定的关系。西汉末年到东汉年间，土地兼并，宗族和豪强介入基层组织的管理，授田制遭到破坏，里民生活无法保障，甚至被迫流亡，乡里制度遭到冲击，加之频繁发生的天灾人祸，基层百姓只能依靠自身的力量，形成民间互助组织，以便生存下去。

## 三、乡里精英的传播教化作用

### （一）三老及父老"劝导乡里，助成风化"

汉人认为治国之要，首在教化。除了学校教育及长吏的典范影响，三老、父老也在其中起到重要的作用。《后汉书》明确指出："三老，掌教化"；另有"父老'劝导乡里，助成风化'"[1]。因此设立乡三老、里父老的职责就是负责对乡里民众的教化。关于乡三老的人选，要求"举民年五十以上，有修行，能帅众为善"[2]，里父老的人选，也要求"耆老高德者"。由此可见，三老及父老的人选为乡里德高望重的长者，只有这样的人才能作为群众的典范，引导群众向善。正如吕思勉概括的："汉世三老，体制多尊，其人亦多智"[3]，父老也如是。而选拔三老和父老的方法，先是由人口比例确定名额，经由民众推举，再报官府批准。

汉代的三老和父老，虽然不是国家在编的官吏，但却是乡里之中拥有特殊地位的人，他们享有较高的地位及声望，是乡里群众效仿的道德模范。且官府

---

[1]（南朝·宋）范晔：《后汉书》，中华书局1965年版，第45－79页。
[2]（东汉）班固：《汉书》，中华书局1962年版，第33－36页。
[3] 吕思勉：《秦汉史》，上海古籍出版社2016年版，第156页。

## 第四章 自组织与社区营造：秦汉实践及经验

还明确规定了三老可以"与县令、丞、尉以事相教"①，类似于我们今天的人大代表，三老和父老在当时拥有参与议政的资格，三老可以向皇帝上书，表达自身的政见或建议，包括述说官员的是非功过，这就为三老向政府反映基层的真实情况以及民意提供了可能的机会，说明了三老在当时具有较高的社会地位及较大的政治影响力。里父老虽没有乡三老可以直接向皇帝上书的权力，但同样受到官府的尊重，有时也参与议政，与官府共同讨论重大问题，有一定的影响力。

三老与父老的职责是教化，他们一方面以身作则，为民表率，向民众宣传道德教化；另一方面还协助乡官里吏惩治地方恶霸，整治民风，维护治安，从多方面开展对乡里的教化，改善乡里的教化风气。如颍川太守黄霸在任职时，便专门制定"条教"，让父老、师帅、伍长、班行等人负责向乡里百姓宣传，引导"百姓向化"。三老和父老通常都是乡里中德高望重之人，因而一些地方官吏时常让其协助整治当地的民风和维护治安，发挥他们的教化作用。汉代虽重视教化，但并未忽视法制，采取的是"德刑并举"或"德主刑辅"，对于不听教化者，会有严厉的惩治措施。三老和父老在其中起到了关键的作用。

此外，劝课农桑、配合乡官里吏征收赋税，也是三老与父老的教化内容之一。汉代的农业耕作技术有了一定的进步，许多新式农具，如犁、耙、耧车、风车等，都是在这个时期发明，而乡三老、里父老、力田等在协助地方官府宣传推广使用新农具、传授先进的农业生产技术方面起到了重要的模范和表率作用，一定程度上带动了乡里农业的发展。在教化民众方面，里父老尽心尽责，上文提到的颍川太守黄霸，除了制定"条教"让父老等人在乡里宣传，引导百姓为善防奸，同时还使里父老等人敦促鼓励民众"务耕桑，节用殖财，种树畜养，去食谷马"②。此外，督促里民缴纳赋税，也属于里父老的教化之职。在催缴赋税上，里父老起到很重要的协助和配合作用，相比官吏，里民更愿意配合德高望重的里父老，有了里父老的助力，在征收赋税的任务施行上会更加顺利。

因此，乡三老和里父老虽非严格意义上的官吏，但他们承担着乡里的教化任务。一般而言，乡三老和里父老在当地具有非常高的威望，很受民众敬重，其不仅具有"议政"权，也有教化民众的权利。乡三老和里父老配合地方政府，主要在组织生产、劝善除恶、维护治安、催征赋税四方面发挥作用，同时

---

① （东汉）班固：《汉书》，中华书局1962年版，第33-36页。
② （东汉）班固：《汉书》，中华书局1962年版，第33-36页。

也配合建设基层政权,通过乡里的公共活动,教化乡里民众。国家管控基层社会和集中统治离不开乡三老和里父老的助力,作为教化民众的特殊力量,他们不仅备受民众敬重,也备受政府的青睐,为了肯定他们的作用,官府每年都实施嘉奖,尤其是"乡三老",享受的赏赐尤多。

## (二)孝悌力田"稳定乡里,形成美俗"

"孝悌"指恭顺父母、爱敬兄长,"力田"指尽最大努力从事农业生产活动。经过休养生息政策,汉代的经济实现了快速发展,文化也呈现出一片繁荣的景象,汉代统治者和思想家们都意识到教化民众对江山稳固、社稷安康的重要作用。早在先秦时期就已经出现了孝悌、力田等字样,到了汉代,统治者更突出了"孝悌"的重要性,出现了"孝弟者所以安百姓也";"民知尊长养老,而后乃能入孝弟。民人孝弟,出尊长养老而后成教,成教而后国可安也"①;"君子之教以孝也,非家至而日见之也。教以孝,所以敬天下之为人父者也。教以悌,所以敬天下之为人兄者也"② 等当时盛极一时的说法,无一不体现"孝悌"的重要性。孝悌指代的意义已经不仅限于恭顺父母、爱敬兄长,甚至跟百姓安居乐业、治理国家、稳定江山、安定天下所联系,为入仕途、加官晋爵树立了风向标。同时,汉代非常注重农业发展,力田自然而然也就受到了大力推崇,力田作为孝悌的补充,两者相辅相成,共同作用于教化民众。乡里百姓要想做到恭顺父母、爱敬兄长,就必须从事农业生产活动,用劳动所得供养父母。统治者对孝悌力田的重视度可见一斑。孝悌具有指导作用,相当于"精神文明",力田重实践,相当于"物质文明"。所以早在汉代时期,统治者就已经开始结合精神文明和物质文明,发挥两者的作用维护统治。孝悌是力田的基础所在,安心生产的基础是父母和顺、兄友弟恭;力田是孝悌的物质保证,只有基本的物质需求得以满足,才会注重精神文明的建设。"孝悌力田"成功地将家庭和社会联系起来,发挥了其教化功能。社会是大家庭,是由千千万万的小家庭组合而成,社会的安定取决于家庭的和睦。

### 1. "孝悌力田"的家庭和睦功能

孝悌是人的教育的开端。孝悌、力田,在中国传统文化中是安身立命的根本问题。《论语·学而》有"君子务本,本立而道生,孝弟也者,其为人之本与"之谓,孔子认为"孝弟"是君子安身之本,春秋时代对孝的重视程度可见一斑。思想家和统治者都深刻地认识到孝的重要性,所以大多都将其用于统治

---

① 胡平生、陈美兰译注:《礼记·孝经》,中华书局2007年版,第220 – 224页。
② 胡平生、陈美兰译注:《礼记·孝经》,中华书局2007年版,第220 – 224页。

思想。早在汉王朝建立之初，统治者就认识到刑罚在维护统治秩序方面的有限作用，因此需利用思想上潜移默化的影响来维护统治稳定，所以转而对民众进行教化。孝悌是与民众息息相关的道德教育，所以以孝悌作为起点，更能对人们的思想产生潜移默化的影响。孝悌已然成为汉朝的主流思想，甚至成为入仕途的途径，汉代的蔡邕是远近闻名的孝顺的人，在母亲去世后，就与叔父和堂弟一起生活，谦让兄弟，友爱邻里，得到了乡里的一致称赞，遂将其推举入仕，入仕后为官清廉，得到了百姓的信赖与拥戴。

首先，家庭是基本规范训练的场所。人的基本规范内容有以下两种：一是仁义礼智信；二是修身齐家治国平天下。这些基本规范正是由家庭训练而来。孔子最开始提出"仁、义、礼"，后经汉代董仲舒补充为"仁、义、礼、智、信"，汉代统治者进一步将其定为基本规范。"仁、义、礼、智、信"的具体内涵为："仁"是指在日常的家庭生活中，成员间彼此关照，为彼此着想；"义"是指在家人遇到困难时，帮助陪伴家人度过困难时期；"礼"是指在日常的家庭生活中，成员间彼此尊重，彼此照顾；"智"是指在家庭生活中，成员间帮理不帮亲，明辨是非，不偏私，不袒护；"信"是指在日常的家庭生活中，成员间言而有信、坦诚相待。只有奉行"仁、义、礼、智、信"的金科玉律，才能实现家庭和睦。

其次，家庭是养成劳动观的重要基地。"孝悌力田"中重"力田"，在家庭中表现为父母培养孩子的劳作技能，培养孩子的劳动意识；在乡里表现为每个家庭都努力从事劳动生产，具有浓厚的劳动意识；在国家层面，重视"力田"的表现是制定诸多的重农政策。早在战国时期，力田就表达了努力耕田的意思。汉代注重农业的发展，汉惠帝时期就出现了"举民孝弟力田者，复其身"①，汉代对"力田"的重视可见一斑。此外，"力田"也对汉代经济的发展具有重要的推动作用。繁荣的经济是其他社会活动得以进行的基础，只有满足一定的经济基础，才能实现其他的发展，经济基础决定上层建筑，物质基础得到满足后才会建设精神文明，"富而后教"，繁荣的经济作为支撑，就产生了教化。汉代出台包括重农抑商、减租减息在内的政策大力发展农业。另外，通过力田者推举政策，引导民众归农务本。汉代宣曲的任氏由于勤俭节约、努力劳作，被举荐为力田者，有机会位列朝堂。十里八乡的百姓闻之深受鼓励，纷纷务本种田，推进了农耕经济的发展，提高了整体经济发展水平。"力田"培养了百姓劳动意识，提高了百姓从事劳动生产的热情，不仅使家庭状况得到改

---

① （东汉）班固：《汉书》，中华书局1962年版，第33－36页。

善，而且对乡里百姓也具有教化作用。

### 2."孝悌力田"的社会和谐功能

首先是家庭与社会教化连接的中介。乡里教化成功地在家庭和社会之间搭建起了桥梁。家庭成员相互关照、相互尊重，父慈子孝，妻贤母良，兄友弟恭，共同劳作。"老吾老以及人之老，幼吾幼以及人之幼"，这种"孝悌力田"由家庭推及乡里，再推及社会，维持了社会稳定。另外，通过"力田"思想努力耕种，促进了农业的恢复与发展，加之家庭和睦相处，老有所依、幼有所养，社会才能处于一个安定祥和的状态。

其次是带动了乡里教化的广泛传播。家庭中孝者、悌者、力田者，都为统治者教化基层民众贡献了力量，同时，统治阶层也需要优秀的人才帮助其管理乡里社会，这种相互作用的行为，对社会发展具有一定的影响。在汉代，乡里权威人物作为家庭的核心，主导家庭思想，在乡里也具有指导教化民众的作用。他们的美德在乡里传播的同时，在潜移默化中影响了乡里百姓的思想和行为，有助于良好的乡风里俗的形成。在当时普遍比较贫穷和落后的乡里社会，能被推举为孝悌力田的人是凤毛麟角的，因此极为受到民众的敬重，其产生的影响力也更为广泛和有力，对于乡里教化的推行产生了积极有效的作用。孝悌力田的思想和行为在乡与乡之间广泛传播，百姓的思想和生活在孝悌力田等人的表率带领下，逐渐发生积极的变化，有效地提高了乡里民众的道德水准，对乡里社会的秩序稳定、和谐发展起到了重要的作用。

## 第三节 秦汉里治对当代社区治理的借鉴价值

社区自身具有显著特点，地域和共同体是它的主要属性。地域属性指的是社区的边界明确，行政部门在结合资源、人口、管理等因素后划分了社区边界，这是社区存在的前提条件；共同体属性则体现为居住在相同地域的居民存在心理和社会联系，该属性体现了社区的本质。"邻里"一词中的"里"实则指的就是中国古代的基层自治组织"里"，也就是本书所研究的秦汉之"里"。秦汉里治之所以能在当时发挥其基层治理作用，得益于秦汉里所呈现的各种功能，诸如政治管理、经济生产、思想教化等，在本质上成为维持里治系统稳定发展的各个功能子系统，正是这些功能子系统的共同发力，才使里治得以对维护社会稳定、巩固国家统治起到重要的作用，成为我国基层治理的源头，为后世所继承和发展。

前文提到，文化系统在社会治理结构中发挥着重要作用，它能够使社会治理结构得到维护,可以确保治理结构达到规范要求,能够对治理结构的运作进行调节。秦汉时期的基层聚居区域"里",同样有重视民众教化的文化功能,里的"帅众为善",呈现出礼治的治理方式,对维护治安、促进生产、加强中央集权等都起到了一定的推动作用,体现了文化系统对治理结构的维护功能。虽然我国伦理道德中存在着一些封建因素,这些因素压抑着人的天性,但将这些封建糟粕剔除掉,古代的文化治理与当前的公共管理具有相似的公益性特征,它们都体现了公共管理的特点。古代的基层自治重视彼此之间的合作、人与人之间的信任,这种文化治理为当前的公共管理提供了有效指导,它是我国传统文化的重要构成。当前,我国在积极推进社区治理。分析研究秦汉里治中蕴含的文化治理路径,了解中国古代基层自治的方式和特点,对传统政治文化进行继承和创新,取其精华,去其糟粕,有利于推进当代社区治理的发展。

## 一、里治教化思想与当代社区文化建设

### (一)弘扬孝德伦理有利于维持家庭和谐

"中国'孝'文化包含了许多有关家庭美德、伦理道德的内容,这些伦理道德对于解决家庭纠纷和矛盾起到了重要的作用,同时也推动了社区的建设和发展,为我国开展的和谐社区建设活动提供了重要指导。"[1] 秦汉里治中为了宣传孝德伦理,专门设置了"孝悌力田"的荣誉头衔,表彰赏赐孝德出众之人,使其为民表率,弘扬孝悌和以农为本的思想,起到促进家庭和睦和社会和谐的功能。自汉武帝后,国家传播的孝悌伦理观念对乡里民众的思想文化控制日益深入,下层民众也逐渐对孝悌思想产生了认同感。在漫长的发展中,伦理制度发生了显著变化,汉代儒家伦理不断渗透到各个领域,对社会产生了巨大影响。"儒家伦理成为许多人遵守的行为准则和规范,使得人们的价值取向逐渐发生变化,儒家强调的孝悌和礼仪成为当时的社会风尚。"[2] 我国在开展精神文明建设活动时,应该积极传承和发扬传统美德,诚信、礼仪、仁义等都是传统美德的重要构成,孝德是传统伦理的核心。如今,我国老龄化人口不断增加,养老问题越来越严峻,在此形势下,必须重视传统道德的继承和发扬,形成敬老爱老的社会氛围。站在家庭角度来讲,孝德指的是孝顺父母;站在国家角度来讲,每个人都应该增强爱国意识。传承和弘扬传统美德,有利于提高我

---

[1] 计志宏:《中国传统孝文化的内涵特征及社会功能》,《前沿》2010年第10期。
[2] 刘厚琴:《汉代伦理与制度关系研究》,中国社会科学出版社2008年版,第199页。

国公众的素质,培养公众的爱国情操。在我国社区治理中,传统"孝"文化在建设和谐社区、解决家庭矛盾、维系社会关系等方面发挥着积极作用。

为了加快和谐社区的构建步伐,必须重视家庭和谐。假如子女能够在和谐的家庭中成长,可以得到父母的关爱,能够感受到家庭的温暖,他们的责任感就会增强,会对他人产生同情。当前许多社区为了提高公民文明素质和社会文明程度,大力弘扬中华传统美德,会定时开展弘扬孝文化的主题活动,例如肇庆J社区开展的"孝老爱亲"为主题的道德讲堂活动,设计了"自我反省、唱歌曲、学模范、诵经典、谈感想、送吉祥"六个环节。

"古语云:一家敬老则一家和,一乡敬老则一乡安。"① 当所有村民都尊老敬老时,乡村才能实现和谐发展。秦汉时期国家推崇孝道,甚至把孝编入律法,保障了尊老养老的社会风气的形成,但究其本质,是为了巩固封建统治,目的在于建立尊卑等级秩序,满足统治需要,其弊端是造成了父权过大,子女成为父辈的附属,丧失了自由的话语权和行动力。因此,在社区弘扬孝道的同时,要在继承传统孝文化的基础上开拓创新,剔除传统孝文化的封建糟粕和愚昧观念,建立新时期孝德观念。子女不仅要在家中孝顺父母,还应该将这种孝德延伸到社区中,既要关爱父母,也要关爱他人。采用这种循序渐进的方法,将对亲人的友爱转为对其他人、对社区、对国家的爱,以此来增强他们的责任感,这有利于社区营造良好的道德环境,可以提高社区居民的文明素养,形成良好的社会风气。

### (二) 弘扬传统文化有利于营造社区"礼治"氛围

秦汉里治通过学校教育和乡里教化两种形式向民众灌输教化的思想,学校教育有国家专门设立的官学,教化知识、礼义,为国家培养人才;乡里则设有庠序,给乡里的子弟提供学习知识的场所,而教导传播的重点正是传统文化中的仁、义、礼、智、信等思想。引导民众向善,服从国家的统治,从而安定社会秩序,维护国家稳定。传统文化是我国在千百年发展过程中形成的,其包括具有民族特色的优秀民族文化,但是当社会实现快速发展后,许多传统文化已经被世人淡忘。尽管如此,作为我国的宝贵遗产,许多优秀的传统文化依然得到了部分有识之士的继承和发扬,它们与现代文化逐渐融合,并且形成了新的文化。社区指的是聚居在某个区域内的居民建立的社会共同体,它能够体现社区民意、反映出一些社会问题,社区是城市的基本构成单位。在继承和弘扬传

---

① 丁秋玲、张劲松:《改革开放40年来乡村孝文化变迁过程的认同与振兴》,《学习论坛》2018年第10期。

统文化时,既要依靠学校教育,更要重视社区的传播。"文化本来就是人群的生活方式。"① 作为社会生活共同体的社区是文化的现实土壤,让传统文化走进社区,除了可以使其得到传播和发展以外,更重要的是,通过汲取传统文化精华的部分,转化为现代精神文明建设的能量剂。

传统文化进社区的方式可以是多种多样的,较为普遍的形式是对传统节日的庆祝和举办各种社区文化艺术活动。社区的传统节庆展演能够再现特定时期、特定人群的社会生活历史传统,不断激起社区成员的集体记忆,激发人们的古老集体情感,促进社区成员间的群体认同,增强社区凝聚力和社区认同感。例如,春节期间社区举办的地方传统文化活动,既能让居民在活动中追忆往昔,又体现了辞旧迎新、展望未来的主旨,营造出和谐、团结的社区环境、家庭氛围;中秋节期间举办的庆中秋活动,围绕中秋节日团圆、丰收的主题,让社区居民在享受家庭温情之余感受到社区共同体的温馨氛围。

"在社会生活空间日趋社区化的时代背景下,社区文化艺术活动成为最广泛的基层群众集体交往的载体和形式。"② 社区文化艺术活动能调动社区成员参与活动的积极性,拓展社会交往的空间,增加社区居民之间对话与交流的机会,加深彼此的熟悉程度,强化居民间的情感联系。通过举办弘扬社会主流价值与进步思想的社区文化艺术活动,引导基层群众树立正确的社会主义核心价值观,抵制落后文化的侵袭,为筑牢基层群众思想防线助力。开展老百姓喜闻乐见的社区文化艺术活动,弘扬优秀的传统文化,营造社区礼治的氛围,更有助于居民融入社区共同体生活。

## 二、里治互助救济传统与社区睦邻文化构建

古代的基层组织常通过互济互助的方式解决基础性公共事务。除去关系里内生活的生产自救、邻里矛盾、节日庆典等公共事务需要里民共同维护以外,在封建社会小农经济抵抗力薄弱的情况下,人们在遇到各类自然灾害时常常感到不知所措,沉重的赋税徭役更是加重了他们的生活负担,导致他们茫然无措。为了应对天灾和人祸,人们团结在一起,集结众人的力量,他们互相帮助、互相关心,一同处理公共问题,合作互助的传统文化逐渐形成,为我国基层自治组织的出现奠定了基础。宗族、乡里建立的"单""弹"便是典型的自

---

① 费孝通:《文化与文化自觉》,群言出版社 2016 年版,第 1 – 12 页。
② 李山:《社区文化治理的理论逻辑与行动路径》,高等教育出版社 2017 年版,第 78 – 242 页。

下而上组成的民间自组织,在解决公共问题时发挥了积极有效的作用,互帮互助的文化氛围可以减少冲突、解决矛盾,有利于推动公共事务的发展,提高公共事务处理的效率,体现的是一种农耕社会中互济互助的公共性。

社区是一个社会生活共同体,它为人们提供了居住空间,也使人们产生了情感依赖。随着居民的社区意识不断增强,他们开始重视社区的发展,积极参与社区活动,积极推动社区的发展。通过调查发现,大多数居民对社区事务缺乏主人翁意识和责任感,社区凝聚力弱,大部分社区居民将社区当作居住场所,他们无法在社区中获得归属感,社区意识自然难以形成。因此借鉴秦汉里治中互济互助的团结精神,对于提高社区凝聚力,增强社区意识有着重要的推动作用。

(一)搭建社区邻里互动平台

从本质角度来说,邻里关系属于社会关系的范畴,它是人们在参与社会交往时形成的一种社会关系,在人与人的互动和交往过程中,这种关系能够不断得到巩固。人际交往和人际互动离不开必要的平台,为了强化邻里关系,必须在社区内建立良好的沟通平台。首先,社区能够为社交活动的开展提供有效支持。社区服务站、邻里之家、社区公园等场所能够为居民参与交往活动提供良好的平台。这些场所既可以发挥服务作用,还能够加强社区居民之间的交流和互动。为了确保这类场所得到有效利用,必须提高它们的开放水平和利用效率,重视它们在服务社区居民、推进社交方面发挥的积极作用。其次,重视网络技术的应用,通过构建社交信息平台,加强邻里之间的沟通与交流。进入网络时代后,微博、微信等各类社交媒体不断发展,借助网络平台可以加强社区居民之间的交流,扩大社交覆盖范围,利用微信群聊、微博广场可以为社区居民提供良好的交往平台。在网络社交平台中,社区居民可以发表自己的意见,组织相关活动,增强彼此之间的情感交流。利用网络社交平台,社区居民可以及时了解各类信息,有利于整合社会资源,提高资源使用效率。

(二)化解邻里纠纷,营造和谐社区

良好的邻里关系能够加强社区居民之间的合作,可以引导居民积极参与社区活动,有利于和谐社区的构建。因此,要引导居民之间建立相互信任、彼此帮助的邻里关系,解决各类社区纠纷和问题,营造良好的社区氛围,拉近社区居民之间的距离。首先,加强邻里之间的互动交流,重视邻里之间的深入沟通。社区居民的工作、生活存在或多或少的差异,忙碌的工作和烦琐的生活使得他们缺少交往的机会,大部分社区居民与邻里交往较少。为了解决这一问题,可以组织开展一些社区活动,利用这些活动加强邻里之间的交往,社区居民在参与活动时能够加深对彼此的了解,加深沟通,从而建立良好的邻里关系。其次,重视纠纷化解机制的建立。居民生活在同一个社区中,他们的生活习惯存在显著差异,在生活中容易产生一些纠纷和矛盾,例如广场舞扰民、停车位被占用、装修噪音等引起的各类矛盾和纠纷。如果矛盾与纠纷得不到及时解决,社区居民的邻里关系就会受到不良影响,导致居民无法在社区获得归属感和幸福感。为了解决这类问题,必须重视纠纷解决机制的建立,可以安排专人开展相关工作,制定一些科学规范的程序,及时发现各类纠纷,尽早解决矛盾纠纷,开展回访工作,防止社区纠纷和矛盾影响到邻里关系的发展。

### (三)发动居民共建平安社区

为了使社会秩序得到有效维护,在开展治安巡逻、基础警务工作之外,还应该引导社区居民参与治安维护活动,发挥各自优势,将治安资源整合在一起,提高社区治安水平,调动居民的参与积极性。居民治安组织能够发挥有效作用,可以按照社区居民的特殊技能、行业情况、工作时间等开展相关活动,在一些治安案件频发、治安管理薄弱的地区,治安组织能够发挥积极作用,可以提高社区治理水平。例如广州市荔湾区石围塘街的如意社区,便有一支由广州街坊自发组成的如意平安骑队,每周一、三、五,他们戴着头盔、袖章,身穿鲜艳的骑服,穿梭在如意社区的街巷中,沿途劝诫违章者,巡防时上报治安和消防隐患,围绕社区主干道、车站、市场等重点位置和村社警情高发地段,采用不固定时段机动巡逻、交叉循环骑行等方式发现治安隐患,降低了社区的警情。街坊相邻而居、相互守望,共建共治平安社区,成为基层自治不可或缺的力量。

## 三、里治自组织系统与当代社区自组织治理

早在秦汉时期,便有居民自发组成的互助组织"单"或"弹",旨在单内成员发生困难时互助互济。此类组织形式多样,既有以农业生产为目的的互助组织"街弹",也有以养老为目的的互助性组织,如"长寿单""益寿单",甚至有为了承办集体宴饮相结而成的"酒单"。这些居民自发的组织,是为了应对当时生产力水平不足、天灾人祸频发而产生的,是基层百姓依靠自身力量团结起来共同克服生活困难的自治途径,在国家无暇兼顾的范围实现自救自助,对于维护基层社会稳定起到一定的积极作用。回到当今社会,社区自组织能够为社区居民提供多种服务,可以推动社区事务的发展,它们承接了一部分政府的工作,有利于政府转变职能,为服务型政府的建立提供了有效支持,是提高

居民社区意识、增强社区凝聚力、实现社区自治的必要途径。

（一）构建完善的自组织管理体系

社区自组织要想实现可持续发展，必须建立健全管理体系，社区自组织可以采用一些措施优化完善管理体系。

一是制定科学规范的自治理规则。治理规则并非具体的制度和准则，它是一项指导性、纲领性要求，能够为社区自组织的发展提供重要指导。社区自组织应该按照社区的现实情况和管理要求，与政府等相关部门进行合作，建立完善的治理准则，以此作为基础，推进社区各项活动的开展，提高社区治理水平。

二是社区自组织应该建立健全管理机制。首先，需要对社区自治组织的任务、职能有深入的认识，按照现实情况建立管理结构、设置相应的岗位。其次，自组织成员应该依照社区的情况，采用多种方法和手段，制定组织管理制度。管理制度既包括人事管理，也包括运行管理。运行管理制度能够为自组织的运行和发展提供有效指导，人事管理能够建立专业的管理团队，确保各项社区工作顺利开展，它们对于社区自组织的发展起到至关重要的作用。社区自组织在发展过程中应该重视服务水平的提升，为社区居民提供多元化的服务，营造良好的环境，让居民在社区获得归属感。

（二）强化政府引导作用

为了使社区自组织实现规范性发展，政府必须发挥引导作用，为社区自组织工作的开展提供指导和帮助。可以按照各类社区的发展情况制定管理决策，采取多种方法推动社区的发展，帮助社区提高自治水平。一方面是为自组织的成立提供各种帮助，比如为社区服务中心等自组织在资金、场地、技术等方面提供协调和服务。另一方面，加大力度鼓励公益性自组织的形成，促进社区居民加入社会救助、社会公益等活动中，以此满足不同人群的需求。此外，社区自组织还应该与政府加强合作，按照政府部门制定的相关制度开展工作，不断完善自身管理体系，推进社区治理活动的开展。

（三）全面寻求支持和资源

社区自组织在发展过程中离不开居民的参与和政府的大力支持。此外，社会力量对于该组织的建立和发展也起到积极的作用，社会力量参与社区自组织活动能够将各类资源整合在一起，有利于实现发展目标。社区自组织可利用网络技术建立信息平台，该平台由多个系统构成，它可以对各类社会资源进行有效管理，人们通过此平台能够及时获得帮助和支持。一般情况下，企业、校园、居委会等都是社区系统的重要构成。社区自组织还应该重视和支持网络的建立，鼓励社区居民参与建设活动，确保社区自组织长效发展。

## 四、乡里精英影响与当代社区能人效应

自组织在发展过程中应该重视社区居民的需求。我国属于关系型社会，在社区当中，自组织既能够为社区居民提供一些帮助和支持，也能够将社会资本整合在一起，在此过程中，民间精英和领袖发挥着积极有效的作用，承担着带头人或主持人的角色。社区能人指的是"在社区中培育或自发形成的，可以使群众需求得到满足，能够对社区思想产生影响的社区人物"[①]。社区能人拥有一定的能力和特长，他们愿意参与社区事务，能够为社区的发展贡献个人力量，可以得到其他居民的支持。他们属于社区中的精英人物，可以在社区建设中发挥引导作用。社区能人一般有自组织社区领袖、意见领袖、楼组长或业主代表、业委会委员等类型。秦汉里治的父老便是出自"年五十以上，有修行能帅众"者，他能通过一定的威望和社会地位来协助管理里内的群众，在地方基层治理中起着至关重要的作用。然而在现代社会中，按照生活经历、年龄形成的长者管理逐渐消失，但具有较强能力的个人依然可以得到人们的广泛认可。相比之下，当代的社区却存在着社区专职人员人手不足、待遇偏低、专业化不足等问题，严重制约了社区发展。十九大报告提出，要提高社会治理专业化水平，形成人人共享的社会治理模式。为了使社会治理能力得到有效提升，必须引导广大人民群众参与社会治理活动。社区工作具有一定的专业性，它能够使社会实现和谐发展，可以为政府开展工作提供有效支持。开展社区工作除了要吸引专业化的管理人员，也可借鉴秦汉里治中设立德高望重、群众认可的父老、孝悌力田等角色的方式，协助社区治理，发挥社区的能人效应。

### （一）为社区能人搭建培育平台

将社区能人的培育作为一项重要工作，通过培育社区能人推动社区的建设和发展。组织开展各类活动，采用多种方法和手段挖掘人才，及时发现各类具有专业能力、特长的优秀人才，为其提供参与社区活动的机会，将其培育为社区公众人物，为社区建设和发展提供有效支持。同时引导社区自组织的发展，为改变组织的发展创造条件，安排专人开展工作，为其提供经费支持，确保自组织能够顺利运作。

---

① 蓝煜昕、李强、梁肖月等：《社区营造及社区规划工作手册》，清华大学出版社2019年版，第18－221页。

## （二）为社区能人创造宽松的发展环境

重视社区能人的挖掘和培育，按照社区自组织的实际情况采用科学有效的管理方式。如果组织团队已经发展完善，可引导该类组织实现规范化运作，并为其提供支持和帮助；如果团队已经形成一定的规模，可以鼓励这类组织参与一些比赛活动，并为其提供场地和资金。

## （三）提高社区能人素质水平

自组织的运作和发展与社区能人的素质存在密不可分的联系，如果不重视自组织的运营和管理，不对自组织的领导人物进行科学管理和引导，该组织在发展中就会出现一些问题，影响自组织的正常发展。为了提高自组织管理能力，可以为社区能人提供培训，帮助他们掌握管理知识和管理技能，提高思想觉悟，促使其认真开展工作，保障自组织团队的健康发展。

## （四）帮助社区能人应对组织难题

社区能人或因经验问题，在组织建成的早期面对困难难免产生畏难心理，这会阻碍自组织的发展。为了使自组织工作得以顺利开展，服务社区，激发社区活力，需要提高社区能人及组织领导的业务能力和加强心理能力建设，只有社区能人的内在和外在能力稳定发挥，才能实现自组织的真正活力。对社区能人的帮助不是一味地提供支持，更要注重引导其树立自我服务、自我管理的自助思想，这样才能有效推动社区的自治。

# 第五章 村民理事会对公共性的建构路径

## 第一节 下迳村村民理事会的自治实践

### 一、清远市农村综合改革基本情况

清远市位于广东省中北部,南连广州,北接湖南,东靠韶关,西邻广西,位于珠三角与粤北山区的结合部,也是古代岭南地区通往中原的重要纽带。清远市是广东省地域最辽阔的地级市,全市有耕地面积28.9万公顷,林地面积118.8万公顷,总面积1.9万平方公里,约占全省总面积的十分之一。清远市境内有许多著名山脉,山川秀丽,历史悠久,有珠三角的后花园之称。清远市辖2个县、2个自治县、2个县级市、2个市辖区,有80个乡镇和1371个村。清远市是2011年广东省首个批复的主体功能区建设的地级市,其所辖的8个县区中,北部的4个县列为生态发展区域,同时也是全省重点扶贫开发县域单位。2017年,全市城镇化率约为50.7%。农村约占据了清远市的半壁江山,农业农民和农村的发展关乎清远全市的发展。

在实行农村综合改革前,清远与全国保持一致,实行的乡政村治是以行政村为行政最末梢。以行政村为管理单位,难以对各村小组实行有效管理。第一是人手严重不足,平均一个工作人员要负责3个村小组的全面工作。第二是管理半径过大。清远市有些行政村面积几十平方公里,人口几千人甚至接近万人,村委会在提供农村公共服务、加强社会管理方面难免鞭长莫及。清远市属于粤北山区,每个自然村依山而居,距离较远不利于管理。第三是村委员权力有限。实行包产到户后,大部分土地属于村民自己,而村集体的土地也在每个村小组集体手中,行政村基本不掌握集体资产。如果村委会要修建公共设施占用村民或村小组的土地,必须和村民进行比较长时间的协商或补偿。第四是村小组之间关系并不和谐,村民纠纷较多。很多自然村因为历史遗留问题,关系并不融洽,通常会因为耕地山林的界线和水源问题发生纠纷。处理琐碎繁杂的村民日常纠纷也成为村委会的主要日常工作,甚至出现一些自然村之间较大的纷争,村民们还会上访。把行政村作为一个集体去谋求集体行动通常比较困难,根据奥尔森(Mancur Olsow)对集体行动的论述,小集团比大集团更容易组织起集体行动,具有激励机制的集团比没有这种激励的集团更容易组织起集体行动。① 行政村村集体之间没有公共利益,难以齐心谋发展。

当时的清远农村不仅行政村举步维艰,自然村的发展也困难重重。第一,自然村的土地分配是分散的,东一块西一块,很多村民自己都很难找到自家耕地的位置。分散的土地难以形成规模种植,种植的效益不高,当时清远大部分农民单纯依靠种植业年收入仅有3000元左右。第二,自然村面临的最严重问题是劳动力外流,村庄空心化。因为清远距离珠三角较近,且在农村种植或者做散工的经济效益不高,村里的主要劳动力选择外出务工谋求更高收入。这导致土地丢荒严重,且土地的流转性较差,靠农民自身很难把土地出租出去。第三,自然村公共设施落后。在实行农村综合改革和美丽乡村建设工程前,清远很多农村都是泥沙路,从镇上到村里的路是一车道,交通非常不便。村庄的村容村貌较差,有些村庄祠堂破落了,村集体也没办法筹集资金去修建。当时村集体的经济收入一般是村里的山林或者池塘出租的租金,一年只有几千块,不能承担公共设施的建设和维护。村小组集体经济贫弱,是当时清远农村的普遍情况。

2012年,清远市时任市委书记葛长伟在对清远全市85个乡镇进行调研,走访了300多个村庄后,总结了制约清远农村发展的六大问题:村民自治的效果不明显、农村经济发展迟缓、基层党组织较为薄弱、农村公共服务水平较低、农村经营体制滞后、农村不稳定因素多发。他认为清远当时以行政村为基本单位的基层治理模式不能适应清远市农村的发展和社会治理的需要,不能解决基层频发的社会矛盾。同年10月,清远市提出了开展以完善农村基层治理为重点的农村综合改革。针对制约清远农村发展的六大问题,在坚持和巩固农村基本经营制度的前提下,通过完善村级基层组织建设,转变和创新农业生产经营方式,提高农村组织化和村民自治水平。自2012年年底起,清远市相继

---

① [美]曼瑟尔·奥尔森:《集体行动的逻辑》,陈郁、郭宇峰、李崇新译,上海人民出版社2011年版,第3-5页。

出台了《关于完善村级基层组织建设推进农村综合改革的意见》等系列文件，着力重塑农村基层的治理模式和组织方式，进而提高农村发展内生动力。首先，完善以自然村为单位的村级党组织体系，推动党组织建设重心下移；其次，建立村民自治的基层自治组织体系，推动村民自治重心下移；最后，完善便民利民的农村公共服务体系，推动农村公共服务重心下移。清远市农村综合改革的探索和实践获得了中央有关部门的肯定，2014年中央一号文件提出可以开展以村民小组或自然村为单位的村民自治试点。2016年，中共中央、国务院发布了《关于以村民小组或自然村为基本单元的村民自治试点方案》的通知，对试点工作提出了具体要求，进一步肯定了清远市农村综合改革的方向，清远市地方的探索为中央的决策提供了依据。

## 二、下迳村农村综合改革的实践

下迳村所属的浸潭镇位于广东省清远市清新区西北部，东与英德市九龙镇为邻，南通往城区，西与广宁县交界，北连石潭镇，是全省首批规划的中心镇之一。浸潭镇总面积464平方千米，截至2017年，下辖30个村、2个社区，有592个村民小组，总人口77881人。下迳村位于清远市清新区浸潭镇六甲洞村委会东部，距离墟镇约14公里，三面群山环抱，是典型的客家围村，有400多年历史，清朝期间曾培育了进士和举人，历史文化底蕴深厚。全村共有农户55户，370人。由于下迳村地处偏远，以耕种水稻为主，人均耕地面积0.9亩，生产生活条件落后，90%以上村民都搬迁到城镇或外出务工，只有少部分的老人和小孩留守村中，之前村民选出的村主任平时也外出务工，村中事务长期无人管理，环境脏、乱、差，劳动力有限，土地出现大面积丢荒。村集体主要收入依靠出租山林，年收入仅有2万元。在2014年实行农村综合改革前，下迳村常住人口仅有65人，是典型的空心村。同时，下迳村也是典型的宗族型村庄，全村同姓邹。下迳村由五个大房支组成，房支的祖先是同源的，下面再分支为一个个同源兄弟的小分支。下迳村这种宗族型村庄的内聚性很强，所以即使村民外出务工，也很少完全脱离村庄进城生活。村里的宗族活动较多，每年春分和重阳都要进行拜祖，每年十一月十九日要举办庙会，村民参与积极性高，外出村民都会回乡参加。

下迳村从基层组织建设入手，摸索出"基层党建+村民自治"相结合的模式，在党支部下设村民理事会、经济合作社和村务监督委员会三个村民自治组织。清远市农村综合改革里"三个下移"中第一个就是基层党建重心下移。十九大报告曾指出：要推动社会治理重心向基层下移。基层不牢，地动山摇。基层直接面向群众，社会治理的重心在基层，难点也在基层。要推动社会治理重心向基层下移，发挥社会组织作用，实现政府治理和社会调节、村民自治良性互动。党组织下移对基层治理作用重大，给钱给物，不如建个党支部。有了党支部，基层治理工作也就有了主心骨。支部建在村民小组激活了党组织的"神经末梢"，有效增强了农村基层党建活力，扩大了党在农村基层的组织覆盖和工作覆盖。党组织及时了解村民的生产生活情况，零距离听取党员群众的意见建议，密切了党群关系，也给许多农村党员发挥作用提供了良好平台。下迳村在建立党支部时面临着村党员人数不足，不能建立党支部的困难。在六甲洞村委会的帮助下，下迳村联合石背村成立了下迳村民小组党支部，党员8人，其中预备党员1人。"没有条件，也要创造条件建立党支部。"这是当时六甲洞村委会主任帮助下迳村建立党支部时说的一句话。建立了党支部后，又召开了村民代表大会，选出5名热心村中公益事业、群众基础良好、社会影响力较大的村民组成村民理事会。由村民理事会理事和村里的致富能人组成经济合作社发展村集体经济。在党支部里面选出3人成立村务监督委员会监督村民理事会和经济合作社的运作。至此，下迳村成立了党支部引领下一套完善的村级自治组织，村中重大事务由党支部提事、村民理事会议事、村民大会决事，在党建引领下村民实现自我管理、自我服务、自我监督。

下迳村制定了村民小组党支部主要职责、村民理事会章程和村务监督委员会工作职责等工作章程，保障了党支部、村民理事会、经济合作社和村务监督委员会依章程办事；规定了村民理事会的职责：①引导群众筹资筹劳，发动社会力量参与新农村建设，推动农村公益事业发展。②协助解决农村土地流转、土地整合、农业基础设施建设中的问题，促进农业生产发展。③讨论本村重大工作事项、重大财务开支、重大投资项目等涉及村民利益的重要事项，并提出意见。④协调群众利益，调解邻里纠纷，促进农村社会稳定。⑤监督村民履行村规民约，弘扬优秀传统文化，互助帮困，营造团结支援、邻里守望的和谐氛围。村务监督委员会积极发挥作用，对村中各项事务的落实进行监督，对村里的收支单据、财务信息进行审核，并对村民关心的财务管理问题予以解释。村务监督委员会能按期、按需对村级党务、事务、财务事项进行监督审议，及时公布，让村民明白、干部清白。清远市清新区在发展和培育村民理事会的同时，本着行政与村集体经济分离的原则，成立了经济合作社，由各村的致富能人担任成员。有不少村村民理事会和经济合作社的成员是一样的，"一套人马，两块牌子"。村集体经济相关的活动一般都由经济合作社主导，包括整合土地和将土地再出租。下迳村通过规范村民理事会组建程序，合理定位村民理事会工作职责，科学制定村民理事会工作制度，有效激活了农村基层组织的"神经末梢",促进了农村经济社会的和谐稳定。

　　下迳村所在的六甲洞行政村,全村面积 7 平方千米,共有 24 个村民小组,总人口约 6274 人。六甲洞村委会的工作人员有 8 位,一位村党支部书记、村委会主任,6 位村委会委员,一位专管扶贫工作的管理员。这些工作人员要负责 24 个村小组的政务服务工作、生产生活服务工作、计生工作、社保医保工作以及扶贫工作。村委会工作人手严重不足,村委会工作人员与村民之间不熟悉,对于村民的纠纷往往束手无策、捉襟见肘。在未成立村民理事会之前,个体村民直接面对村委会和基层政府,遇到有意见需要反馈时需要去村委会反映。村民们对村委会的工作人员也不熟悉,在他们眼里,村委会是基层政府的下属机构,而非他们实现村民自治的机构。村委会与村民的主要关系是村委会管理和领导村民,村民服从领导,两者之间缺乏沟通互动的协调机制(见图 5-1)。

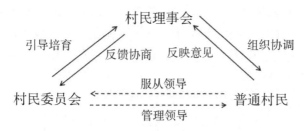

**图 5-1　村民理事会运作机制**

　　村民理事会成立后,作为村委会与村民协商沟通的联系纽带,与村委会实现了协同治理。首先,村民委员会引导和培育村民理事会的发展,村民理事会是在基层政府和村委会的指导下成立的,其发展过程也受到村委会的引导。村民理事会成立后可以组织协调个体的村民形成集体行动。下迳村在成立村民理事会后,村民理事会代替了原来的村小组管理村中事务,理事长代替了原来的村主任。各理事一般由村民推举的一些本村有威望、有能力、有公德的人士和外出乡贤、老党员、经济能人、老村干部等组成,通常各房支推举一个理事,再在各理事中推举最有能力、声望的人担任理事长。这种推举理事的方法可以平衡各房支的利益关系,房支内出现矛盾也可由各房支的理事前去调解。同个房支都是血缘比较亲近的叔伯兄弟,容易劝说。当地的村民理事会将宗族治理融入村民自治中,借助宗族的血缘关系帮助政府更好地管理村小组,更有效地组织起个体的村民。特别是在协调村民矛盾上,村民理事会可以发挥很好的作用,在村小组一级就把矛盾纠纷协调处理好,小事不出村。其次,当村民遇到自己解决不了的事情或者对村庄的发展有好的建议时,可以反映到村民理事会，村民理事会定期集中汇集村民的意见向上村民委员会进行反馈。村委会定期举办村民理事会的座谈会，邀请各村理事长参加，听取、采纳村民理事会的反馈意见与发展建议，以此改进自身的工作和促进乡村更好的发展。村委会与村民理事会这种协商治理的方式可以有效地结合行政和自治的手段，提高治理的民主性和有效性。村民理事会成为基层政府和村委员与村民沟通的桥梁，是费孝通提出的"双轨制"农村权力结构的现代演绎。

## 第二节　下迳村村民理事会的公共性建构

公共性在乡村治理中可以动员个体化村民参与公共事务，是超越个人和家庭层面的公共性力量。在乡村治理中建构公共性可以激发村民的内生自治动力，对重塑乡村共同体有重要作用。建构乡村的公共性必须从乡村的生活实际出发，从培育村民的公共性意识着手。下迳村村民理事会成立后，在发展公共经济、修建公共空间、规范公共交往、建立公共规则和倡导公共文化五个方面下功夫（见图5-2）。

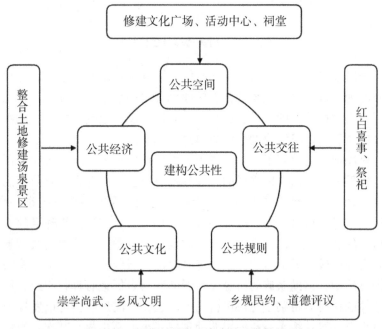

图5-2　下迳村村民理事会的公共性构建

第五章　村民理事会对公共性的建构路径

## 一、发展公共经济，提高村民收入

产业兴旺是乡村振兴的关键和总抓手。只有产业兴旺，才能为乡村振兴奠定经济基础，否则一味靠输血，乡村振兴只会是空中楼阁。要做大做强农村集体经济，为乡村振兴提供源源不断的经济动能。下迳村在成立村民理事会之前，村集体的年收入仅有靠出租山林所得的 2 万余元，村集体经济收入的贫乏让下迳村的村干部面对祠堂年久失修、村容村貌落后等现象都有心无力、束手无策。制约下迳村村集体收入匮乏的一个重要原因是下迳村的位置偏远，不利于发展本村的经济。要想发展产业，要立足本村的自身资源特色。下迳村硫铁矿、自涌泉资源丰富，泉水一年四季不干涸。下迳村村民理事会看到了村中这些"宝藏"，在 2014 年商议建立下迳村汤泉景区，并提交村民大会决议，提议获全村村民一致赞同，于是便成立了下迳村乡村旅游专业合作社，命名为小华山风景区。山水资源属于大家，应该全村共享。为提高本村村民和贫困户参与发展乡村旅游的积极性，下迳村在充分尊重民意的基础上把村民的土地、资金及其劳动力作为股份加入合作社，坚持"土地性质不变、经营制度不变、农民利益不受损"的原则，充分调动了村民参与的积极性，合理地利用了当地的资源优势，有效整合了土地资源、资金资源和社会资源。因为小华山风景区归村集体所有，关系到每个村民的公共利益，所以村民在筹建的过程中积极性极高。在关于下迳村的纪录片和一系列的新闻报告中，可以看到村民们热火朝天地修建景区，从早干到晚，脸上却洋溢着笑容。对于村民来说，景区是大家的，这和给自己家盖房子是一样的。小华山风景区建立后，除了带给村民直接的分红收益，还有效带动了下迳村农产品的销售。下迳村在小华山风景区旁修建了一些售卖农产品的摊位，村中家里有富余农产品的村民都可以到摊位上进行售卖，让村民们在家门口进行售卖。目前，下迳村景区价值已达 3000 多万元，带动回乡就业创业村民 56 人，实现村集体收入从年收入为 0 元到年收入 240 万元的飞跃，而且村民年底还能获得景区分红，村民收入从 6380 元提高到 16300 元，有效带领当地村民增收致富。

下迳村通过发展村集体公共经济，将村民有效整合动员起来，形成一致的集体行动。首先是因为同村村民向心力足够强，村民理事会这个组织激发了村民们想为家乡建设出力的那份心，有了村民理事会这个组织牵头，行动更有组织性。其次是因为发展村集体公共经济，可以对村民产生经济上的激励。农村社区认同与这个社区的社会资本相互关联，社区的社会资本越高，社区认同越强。社区认同也会促进社区内资本的生产和再生产。一个村庄的社会资本就是集体经济以及土地山林等公共资源。帕特南（Robert. O. Putnam）认为社会资本可以通过促进合作来提高社会效率，也有利于解决集体行动的问题。奥尔森在《集体行动的逻辑：公共物品与集团理论》中论述在一个集团范围内，集团收益是公共性的，即集团中的每一个成员都能一起且平均地分享它，不管他是否为之付出了成本。集团收益的这种性质促使集团的每个成员想搭便车坐享其成。集团越大，分享收益的人越多，为实现集体利益而进行活动的个人分享份额就越小。所以，在严格坚持经济学关于人及其行为的假定条件下，经济人或理性人都不会为集团的共同利益而行动。但在下迳村这种集体经济里面，每个人得到的收益和他入股的份额以及劳动的份额有关，这种激励机制促使村民们更加积极地投入发展集体经济中，而不是搭便车导致集体行动的失败。这种因公共经济而联结起来的公共性更现实，力量也更大一些，可以有效组织村民形成集体行动。村庄的公共经济促成了村民的集体行动，从而强化了村庄的公共性。

## 二、修建公共空间，提升村容村貌

公共空间是一个村庄里村民进行交流的地方，公共空间的衰败会引起村庄公共性的消解。信仰性的公共空间维系着村庄的精神信仰和宗族联系；生活性的公共空间代表着村民的日常交往和情感联系；生产性的公共空间意味着村民的帮工协作和互帮互忙。下迳村的公共空间在大量村民外出打工的空心化时期经历了快速的衰败。下迳村的邹氏宗祠——福清公祠，始建于清朝乾隆初期，经过多次重建和重修，村庄祠堂在一次大雨中出现漏雨、瓦片掉落和小面积的崩塌，但是当时村庄的主要劳动力都外出打工，只剩下老年人、妇女和儿童，没有人力对祠堂及时进行修缮。村干部曾提出要集资修缮祠堂，但是村集体经济薄弱，只能村民们自筹，村民们自筹资金的积极性不高，最后只能作罢。这对建设村庄公共性造成巨大影响，村庄的祠堂破烂不堪，导致村民们对下迳村的归属感和认同感下降，村庄公共性逐渐消解。村民理事会和经济合作社成立后，理事们便商量着把修缮祠堂提上日程。2015年，村里成立了重建福清公祠筹备组，由村民理事会的理事长邹瑞文当发起人，选出了组长和组员、设计团队以及建筑团队。因为2014年汤泉景区的成功建立，大家对村民理事会的信任度比较高。这次筹集资金的范围也扩大到邹氏宗亲，因为福清公祠是整个邹氏的宗祠，邹氏宗亲也会支持福清公祠的重建工作，积极捐款。这次重建的福清公祠在原有祠堂的基础上，征用私人房屋11间，历时一年，采用传统的建筑工艺和布局合理建造。重建的福清公祠背靠小华山，十分气派，和小华山风景区相得益彰，彰显了邹氏宗亲的团结和实力。修建好宗祠后，下迳村村民理事会筹备了一系列的庆祝活动，请了醒狮队来舞狮庆祝，邀请了邹氏宗亲前来祝贺，号召各位村民回村共享喜悦，通过这些活动拉进了宗亲的距离，强化了宗族的联系。下迳村村民理事会还利用建设美丽乡村的机会，持续改善村容村貌。清远市实行了"美丽乡村2025"行动计划，要求以县为主体、行政村为基础、自然村为基本单元，通过示范带动，全域推进美丽乡村建设。在六甲洞24个自然村中，就有12个村正在建设美丽乡村。建设美丽乡村需要村民自筹建设，理事会运用村集体收入，号召乡贤捐资和村民筹资，改善村庄的人居环境。下迳村运用村集体收入，乡贤捐款和村民自筹资金，为村庄建设了文化室、篮球场，并对村文化活动广场四周开展绿化建设，完成了村前道路及巷道硬底化工程，大大改善了村庄的环境。

乡村的公共空间是村民进行公共交往的场所和基础。下迳村修建好福清公祠后，清明祭祀活动和重阳拜祖活动举办得风风火火，每年外出工作的村民都会回来参加宗族的盛事，这加强了宗族的联系。村庄的文化广场、篮球场和农家书屋等娱乐文化场所的成功修建，丰富了村民的文化娱乐生活和交往的形式。以前村民的生活交往主要是聚在树底下闲谈家常和下棋打牌，现在可以像城市的居民一样在家门口跳广场舞、打篮球和看书。修建乡村的公共空间是完善乡村基础设施的重要一环，是为乡村提供公共服务的基础。目前下迳村除了完成全村的硬底化工程，还在村前道路上修建了村庄的文化墙和宣传墙，在文化活动广场上还有基础的健身设备。通过修建公共空间、完善基础设施、提升村容村貌，下迳村基本实现了生态宜居的目标，不少外出的村民都选择回乡居住。

## 三、规范公共交往，加强村民联系

乡村中村民除了家庭血缘的联系，家庭与家庭之间、个体与个体之间的感情与联系都是通过日常交往加强的，公共交往是一个原子化村民联结的纽带。社区认同是建立在社区居民的互动基础之上的，没有一定的互动就不可能形成社区认同。农村同样如此。农村生活是建立在村民的互动基础之上的，他们的日常生活和生产活动离不开彼此的交往和互惠，没有互动的村庄必定是缺乏公共性的。市场经济的发展，让农村可以选择脱离村庄从事农业以外的生活活动，乡村邻里之间的互惠帮工不复存在，村民之间的劳动关系变成即时性的金钱交易，村庄内的公共交往和人际关系变得利益化。村庄的公共交往不足，导致村庄公共性的弱化。同时因为电视、手机、互联网的普及，农村地区几乎家

基层治理中的公共性建构——基于广东城乡社区的经验观察与理论阐释

家户户都有电视,人人都拿着手机,私人生活的丰富化使得公共交往进一步弱化。现在的闲暇时光,村民不再聚在村道闲话家常,炎热的夏天也不需要去树下乘凉,他们可以在家中看电视、玩手机,不再需要与人交往打发时间。红白喜事变成村民最主要的交往,但是却产生异化现象。红白喜事举办的规模越来越大,人情往来的金钱数额也越来越高。以往的红白喜事也需要村民帮工,现在农村的喜事一般在酒店操办,即使在村中办村宴,也会请一些外面的厨师和帮工,村民之前的互惠帮工逐渐消失,村民们也无法在红白喜事中感受到村落共同体团结的力量。

为了规范村民的公共交往,规范村中红白喜事的操办事宜,村民理事会成立了下迳村红白理事会,红白理事会由村民民主选举产生,设会长一人,理事若干人。为了充分发挥红白理事会在婚丧嫁娶中的作用,破除婚丧嫁娶中的铺张浪费、愚昧落后的陋习,做到婚事新办,结合下迳村的实际,制定了红白理事会的章程,规定了红白理事会要引导群众移风易俗、废除陈规陋习。红白理事会规定了操办宴席不准讲排场、摆阔气,不准相互攀比,既要气氛热烈也要文明节俭。为了加强村庄的公共交往和提升村容村貌,下迳村村民理事会在村内组织了一系列的志愿活动,包括在村内打扫卫生,保持村道整洁,慰问帮扶独居老人和贫困户等,还开展了一系列的节日民俗活动,让村民们走出家门,参与到村庄的治理与文化娱乐活动中来。开展的这些活动,不仅可以加强村民之间的交往联系,而且通过这些志愿活动和文化活动,可以激发村民的自治主体意识和丰富村民的文化娱乐生活,更好地营造乡风文明的氛围。

## 四、建立公共规则,加强"三治"融合

乡村的公共规则是村民在交往过程中要遵守的约定俗成的规则体系,乡村的公共规则可以约束村民的行为,调节村民的日常纠纷,减少村民之间的摩擦与矛盾。村规民约和家法族规被视为乡村公共规则的重要来源,而乡绅和宗族长老是公共规则的代言人,对于约束村民行为、调解纠纷、协调矛盾,加强村民之间团结合作,增强家族内部凝聚力起到了重要作用。传统国家权力也借助于村规民约和家法族规以儒家文化的形式将国家意志、统治者思想潜移默化地渗透到每一个农民意识深处,同时通过其频繁交往内化为农民的行为准则,维系着乡村社会的秩序与权威。现代社会的流动和市场化进程导致乡村的公共规则面临解体。在传统的乡村社会里,村民之间的交往和互惠不是一次性的,而是多次且反复的,如果有人违反了村庄的村规民约,会遭到村庄共同体的惩罚和村民的舆论谴责。随着改革开放的推进,社会的流动性增大,村民从之前的

熟人社会中脱嵌出来,这时候村民之间的交往频率降低,村庄的舆论压力也随之下降,乡村的公共规则对流动的村民约束力有限。其次,市场化也加速着乡村公共规则的解体。传统乡村社会是一个村落共同体,需要经常帮工互助以及团结抵御外部的风险。而市场化可以将劳动力货币化,一些帮工都可以用雇工来替代,村民之间的依赖没那么紧密,缺少互动和合作导致乡村公共规则逐渐失效。乡村公共规则的解体导致村民在涉及利益问题上互不相让。

2018年12月,民政部等七个部门联合发布《关于做好村规民约和居民公约工作的指导意见》,要求到2020年全国所有村和社区普遍制定或修订形成务实管用的村规民约、居民公约,推动健全党组织领导下自治、法治、德治相结合的现代基层社会治理机制。村规民约是村民进行自我管理、自我服务、自我教育、自我监督的行为规范。浸潭镇早在2014年就号召每个村都建立本村的乡规民约,用乡规民约来革除陋习,化解矛盾。村规民约需要具有民意基础,需要动员村民积极参与修订,集思广益。特别要注重发挥宗族长老、新乡贤等在村规民约建设中的积极作用。下迳村村民理事会一方面吸收之前村规民约的精华,从现存的文字底稿入手,和宗族长老的口述补充。另一方面,根据本村发展出现的新情况新问题,召开村民大会将村民认同的新规则和现代法治思想纳入村规民约的修订中,最终定下了8条村规和8条民约。下迳村的村规民约多次强调和谐和睦等字眼,不仅强调家庭和谐,更进一步要求做到邻里和睦;鼓励村民勤劳致富,好吃懒做要不得;号召村民讲究卫生,保持良好的村庄清洁;还要求村民爱护集体资产,不准私自开采村集体资源。村规民约强化以德为先。德是村规民约的先决条件。如果每个村民在实际的工作和生活中都把道德放在首位,村庄可以实现和谐发展。讲究德,可以助推乡村文明之风,如果一个村庄人人都以德为先,不管是村里的经济发展,还是乡风文明,都可以往正能量方向发展。下迳村每年进行最美家庭评选,评选的标准是"父慈子孝,家庭和谐"。用村规民约的"软约束"和最美家庭评选的精神激励来强化村庄的道德建设,形成德治的良好局面。

在法治方面,乡村的基层干部和村民缺乏法治思维,乡村干部的法律意识不足,依法办事的习惯尚未形成,出现了部分村级干部滥用职权为自己谋私利的现象。村民利益受损后出现了异化维权,越级信访上访事件层出不穷,往往还会演变成群众性事件。当前我国的村庄结构呈现碎片化趋势,在很多交通不便的偏远农村,法治部门难以延伸和覆盖,普法活动难以开展。而村民理事会的理事们文化素养较高,一般在城市接受过现代文化的熏陶,具备一定的法律知识和法律素养,在参与村民理事会的运转中会自觉守法,当村干部或者村民出现违法行为时,也会上去劝阻。当村民权益受损时,村民理事会会教村民如何合法维权。良好的法治环境需要人们共同营造，法治文化的培育需要有一部分懂法律的人言传身教。通过村民理事会的示范作用，可以在乡村治理中融入法治文化，改善乡村地区法律边缘化的困境。村民理事会在参与乡村治理中真正将自治、法治、德治融为一体，弥补了村民自治的不足，又为德治提供了法治保障，在传承传统文化的同时又加入现代文明，可以说村民理事会是"三治"融合的主体。

## 五、倡导公共文化，形成乡风文明

乡村文化是人们在长期的农业生产生活实践中形成的带有地域性和乡土性的物质文明和精神文明。乡村文化基于人与自然、人与人及人与社会之间关系所形成，包含着乡村生活的价值认知、价值追求与价值评判。乡村文化所体现的价值理念和伦理道德反映了儒家文化的仁爱、诚信等人文精神和价值追求，乡村文化所蕴含的价值理念是中华民族核心价值观的来源。正如梁漱溟所说："中国文化以乡村文化为本，以乡村为重，所以中国文化的根在乡村。"乡村文化是维护乡村秩序的内生力量。改革开放以来，乡村由熟人社会转变为半熟人社会，由农耕生产转向半耕半农，农民从土地里走出来，游走于乡村与城市之间谋生。农民的"脱域"改变了过去的乡土特性，也淡化了乡村的文化根基。随着现代化的推进，大量异质文化进入乡村社会，传统小农经济和文化被边缘化，礼俗秩序瓦解。在异质文化的强大冲击下，乡村文化原有的价值观念被冲淡，日益失去其统治地位。现代文化极大地冲击着农民的内心世界和价值判断，市场化、物质化的价值导向成为农民的生活追求。

传统文化资源丰富的下迳村，是一个"崇文尚武，文武双全"人文气息浓厚的古村落。下迳村出过两位名人，分别是进士和举人，文化底蕴深厚。乾隆四十三年（1778）在下迳村村门口立有进士碑，乾隆四十六年（1781）立有举人碑，至今仍保持完整。听村中的老人说，村中原本还有很多珍贵的文物和古建筑，在"文革"时期遭到毁坏。如今现存的福清公祠和祠堂内悬挂的进士牌匾以及村前的旗杆夹，成为研究清远历史文化和古代科举制度的珍贵文物。古老的宗祠、民宅以及村前村后的古树，整个村庄都流露出文化气息与历史感。下迳村有个官爷厅，是古时候下迳村学子求知的学堂和练武的宝地，清朝的时候，下迳村的先辈们曾在官爷厅设立团练，组织乡丁保卫家园。下迳村的崇文尚武精神由先贤而来，融入下迳村村民的血脉里。然而在很长一段时间内，因为村庄的空心化，村内这些宝贵的文化资源没有得到很好的保护。对于古人的文武精神，很多下迳村的青年人也不甚了解。村民理事会成立后不仅发展本村的经济，对文化资源也进行了充分的挖掘和保护。下迳村村民理事会遵循"在保护中发展，在发展中保护"的原则，对村里的古文物以维持原貌为主进行修缮。在本村修建的宣传墙上印上了一些武术动作，修建了乡村记忆馆，以唤醒和加强村民对村落文化的记忆。下迳村平日也充分利用村文化广场，广泛开展社会主义核心价值观、反邪教、禁毒等政策法纪、科普知识和文明新风教育活动，积极发挥宣传阵地的综合功能。村里的经济合作社还利用本村的文武精神成立了暑期武术夏令营，在社会反响热烈，与小华山风景区相互配合，进一步加强了本村集体经济的发展。除了唤醒村民对村落传统文化的记忆外，村民理事会还借助社会主义核心价值观推动乡村文化价值观的重塑。在全村进行最美家庭、道德模范和身边好人的评选，用四德——"爱德、诚德、孝德、仁德"进行评比，树立身边典型，感召村民形成良好家风和文明乡风。

## 第三节　村民理事会公共性营造的成效和障碍分析

### 一、营造公共性的成功经验

培育乡村地区的公共性可以实现乡村的有序发展，可以使个体化村民参与到乡村治理中来，实现村治有主体、村治有成效的乡村治理愿景。仅仅几年时间，下迳村实现了从空心村到富裕村的转变，2017年被评为首批广东省文化和旅游特色村。目前下迳村已成立党建引领下的村民理事会、经济合作社和村务监督委员会来实现组织振兴，通过这些基层社会组织吸纳乡贤等乡村精英回流实现人才振兴，因地制宜利用本村山水资源发展旅游产业实现产业振兴，最后达到生态振兴和文化振兴。下迳村在构建公共性、实现乡村有效治理方面主要有以下成功经验：村民自治单位下沉，有效利用村庄传统自治资源；政府引导培育与社会组织发育结合，充分结合行政力量和自治力量；以发展公共经济为抓手，多方位发展公共性。

#### （一）村民自治单位下沉

实现乡村的有效治理，激活农民的自治活力是关键。农民是生活在农村场域的主体，也是村民自治的主体。广东清远农村，自然村一级具有很强的自治能力，这种自治能力是与其宗族认同与宗族活动乃至宗族性组织紧密相关的。自然村一级具有很强的内生组织能力和丰富的内生组织资源，在自然村一级进行村民自治具备可以成功的条件。清远农村的宗族性使得村庄对内具有很强的内聚力,而对外则具有排斥力。清远市的村民理事会将宗族长老和新乡贤纳入其中,实现了传统自治资源和现代治理的有机结合。

传统与现代并不是割裂和对立的,乡村社会是经过时间自然形成的,具有很强的历史延续性。在乡村社会一般都存在以血缘关系为基础的宗族权威,并随着国家行政权力的渗透而变化。清远地区虽然临近珠三角,但是因为地处粤北山区,经济发展对比整个珠三角来说是缓慢的,村庄还保持着较为封闭的传统的形态。以自然村为单位建成村民理事会,是村民实现自治的有效载体。清远市在自然村设立村民理事会的做法,与其说是创新,不如说是一种"回归",回归到传统以自然村为单位实行自我管理。

村民理事会代替了原来的村小组管理村中事务,理事长代替了原来的村主任,先在各房支推举一个理事,再在各理事中推举最有能力和声望的人担任理事长。这种推举理事的方法可以平衡各房支的利益关系,房支内出现矛盾也可由各房支的理事前去调解。例如在整合土地的时候,遇上比较顽固不肯整合的村民,会让同房支的理事去做思想工作,分析利弊。同个房支都是血缘比较亲近的叔伯兄弟,容易劝说。宗族性组织起作用的原理是将少数极端自私不愿合作者边缘化,使他们的自私自利行为受到惩罚,将他们的不合作行为仅仅限制在少数人中,避免扩展成为村中大多数人的行动。边缘化不合作者的办法与合作要求的强度有关,越是需要合作的村庄,边缘化不合作者的办法越有效。这种办法不仅对不合作者产生了损害,而且使其他村民从不合作者所受惩罚中感受到了传统的力量,而不敢违规。下迳村在整合土地资源的时候就运用了宗族这种边缘不合作者的力量。不参与土地流转和土地整合的村民首先会由家族房支的长老进行劝说,劝说无果时,宗族会动用边缘不合作者的力量,不合作者无法参与宗族的祭祀活动,以及自家的红白喜事活动将无法在村庄中寻求合作,这种代价会令村民放弃原本的抵抗而参与到土地整合中去。

当地的村民理事会将宗族特色融入村民自治中,借助宗族的血缘关系帮助政府更好地管理村小组。村民自治的基本单位从之前的行政村下移到村小组,自治的权限下移到了村民理事会手中,村民理事会成为处理村民日常纠纷和村中日常事务的主体。村民的矛盾由村民理事会进行调解,相对容易化解,填补了之前农村的管理真空,减少了农村矛盾纠纷和上访。自治重心下移至自然村一级,村民对于本村发展和治理有了更大的自主权,农民群众"当家作主"的意识大大增强,自我管理、自我发展的热情明显提升。通过推进村庄自治重心下移,在开展美丽乡村建设中,村民主体意识强烈,积极投工投劳,积极建设美丽乡村。

## （二）政府引导与社会发育结合

清远市清新区为贯彻落实市委、市政府关于农村综合改革的意见，发布了《清远市清新区关于培育和发展村民理事会的指导意见》，《意见》设定了村民理事会的成立条件和程序，同时也降低了准入门槛，放宽了准入条件，在全区号召成立村民理事会，以此提高村民自治水平，完善农村社会管理和公共服务，推动农村公共事业发展和基层民主建设。同时，还规定了培育扶持村民理事会的措施，加大对村民理事会的引导力度。可以说，下迳村的村民理事会是在政府的支持引导下发展起来的。

在具体自然村的村民理事会筹建中，政府给予了村落自主权，让本村的村民自行组建村民理事会，村内自行选举村民理事会理事长和理事，成立村民理事会后只需要报村委会备案同意即可。此外，清远市清新区把组建村民理事会与推进农村综合改革相结合，将村级公益事业"一事一议"财政奖补项目、实行竞争性"以奖代补"财政激励项目和新农村建设相结合，引导村民理事会积极协助村民小组申报项目，协调组织乡贤参与"共谋共建共管共享"，共同推进公共公益事业建设。引导村民理事会积极协助解决企业与农民合作的土地租赁、承包、置换和生产环境整治等问题，推进农村农业发展。引导村民理事会弘扬优秀传统文化，与建立村规民约相结合，调解农村矛盾纠纷，促进社会和谐。乡镇政府在村民理事会工作的大方向上给予引导，在具体因村制定发展项目上给予自主权，使村民理事会发挥政府引导、社会协同的治理效果。

清远市村民理事会的发展是政府引导和社会发展的结果，除了政府的引导作用以外，社会组织和群体也发挥了十分重要的作用。任何组织的成功都离不开组织的领导者，村民理事会的成功离不开新乡贤的领头羊作用。借用杜赞奇的经纪人理论，新乡贤群体是目前我国乡村社会的"公益型经纪"。新乡贤作为一种新的"公益型经纪"参与到乡村治理中，具有以下的特点：第一，成本低。新乡贤为村庄办事不求回报，符合利他行为的特点。前面所说的地方实践中的村民理事会成员都是没有报酬的。培育和发展村民理事会无须额外增加村两委的支出，甚至村庄很多公共设施由村民理事会筹资建设。第二，更持久。新乡贤参与乡村治理出于桑梓情怀，以地缘、血缘为基础的乡土情结可以让乡贤发挥更加持久的力量，可以唤起其对家乡更重的责任感。第三，多方位。新乡贤参与乡村治理不仅可以在乡村日常事务上出谋献策，为乡村农业招商引资，为乡村公共设施筹资，还可以为村民解决日常纠纷。新乡贤是乡村发展的领头羊，是乡风文明的代言人，是乡里和谐的安全阀。社会力量的发育可以激发村民理事会内生治理的动力，政府的外部力量引导可以纠偏、规范村民理事会的发展，这样可以使村民理事会发挥更好的治理效果。

（三）以公共经济为抓手，多方位建构公共性

产业是乡村振兴的重要抓手和最终目标，乡村振兴要把产业发展起来，才能从输血转向造血。发展产业和乡村旅游，不能盲目发展，而是要立足本村资源，做到因地制宜，特色化发展。下迳村硫铁矿、自涌泉资源丰富，泉水一年四季不干涸。山水资源属于大家，应该全村共享，下迳村坚持"土地性质不变、经营制度不变、农民利益不受损"的原则建成小华山景区，股权由全体村民共享，充分调动了村民参与的积极性，合理地利用当地的资源优势，有效整合了土地资源、资金资源和社会资源。下迳村的产业由村民自发建设，村民建设热情高，发展动力足。

下迳村的乡村旅游建设也得到了浸潭镇和六甲洞村村委会的重视。六甲洞村进出道路狭窄，制约了乡村旅游发展。六甲洞村村委会计划筹集200多万元新修一条6米宽的乡村道路，沿途经过六个村庄地界，由于少数村庄"旧怨"未解，互不让步，征地不能落实，修路项目一再受阻。六甲洞村党支部决定，发挥基层组织作用，让各村的村民理事会挨家挨户做思想工作，最终矛盾化解，项目顺利推进。为了更好地实现融合，浸潭镇以党建带扶贫、以扶贫促党建，把"扶贫 + 旅游"的总体规划选址定在下迳村，着力推动集木屋扶贫项目和"微生态"循环蛙稻共生扶贫项目以增加贫困户和村民的收入。时下，下迳村乡村旅游逐渐打响品牌，来乡村旅游观光、项目考察的团组络绎不绝。而六甲洞村也借助下迳村的汤泉景区，将本村打造成乡村旅游的综合体，形成"一村一品"的旅游发展格局，鼓励其他自然村也因地制宜发展乡村旅游业，如虎尾村建成的花卉种植园以及举办的稻香文化节等。下迳村的集体旅游经济发展为乡村带来了极大的集体收入，村庄有资金有人力去修建公共空间，举办公共交往活动等，下迳村以公共经济为抓手，全方位地促进村庄公共性的构建。

## 二、村民理事会的不足之处

下迳村村民理事会在营造公共性和参与乡村治理过程中发挥了积极的作用，村民理事会在2014年正式成立，经过这几年的发展，村民理事会已经成为当地村民自治的重要组织，成为基层政府与村民沟通的重要纽带，在村民内部拥有很大的内生权威。但是村民理事会作为一个刚成立七年的新型社会组织，在发展过程中仍存在一些不足，需要进行改进和规避。

## （一）组织缺乏持续性和激励性

下迳村营造的公共性主要靠社会组织起作用，村民理事会在各个方面积极地营造村庄的公共性，目前下迳村的公共性与村民理事会的发展密切相关。一个组织发展的持续性与组织的人员持续性和人员的年龄结构等都有关系。目前下迳村的理事会除了理事长邹瑞文较为年轻外，其他的理事是各房支的长老，年龄都在50岁以上。根据领导学原理，一个组织团队里面要考虑年龄结构，老、中、青各年龄段人数应呈梯形结构，这样可以保证老的成员发挥经验所长，而年轻成员可以保证团队的持续性和活力。目前下迳村的村民理事会理事平均年龄较大，下迳村要想维持现在的乡村治理效果，必然要吸纳更多的年轻人才进入理事队伍当中。目前下迳村的理事会治理是利用了宗族的力量，在宗族中权威性与年龄呈正相关，宗族是论资排辈的地方，吸纳宗族长老进理事队伍可以保证宗族的话语权。

下迳村该如何在利用宗族力量进行管理的同时保持理事队伍的年轻化，是目前下迳村理事会需要思考的一个难题。村民理事会不仅要考虑持续性问题，也要考虑理事的激励性问题。村民理事会的理事平时要管理村中的大小事务，要带头兴办农村公益事业和调解邻里纠纷，还需要接受行政村村委会的指导，协助行政村的工作。村民理事会作为连接政府和村民沟通的桥梁，需要协助政府的行政工作和带领村民开展自治工作。日常的事务千头万绪，但是村民理事会的理事是没有报酬的，涉及村民自筹的项目一般要起到带头作用，捐的钱要比普通村民多。这是一种只有付出没有回报的工作，很多理事之所以能从成立理事会之初一直做到现在，是出于公益心和对家乡的责任感。很多的理事都是有闲心有闲钱的成功人士，已经在城镇居住了，经常倒贴油费、人工费往村里跑。要想理事会年轻化还需要吸收一些年轻的理事，年轻人大多肩负生活的压力，无法从事这样一种没有回报的工作。目前中央文件多次提到要培育和弘扬乡贤文化，地方政府也号召鼓励新乡贤回归，当新乡贤回归这股热潮和新乡贤的热情退去时，理事们对村庄的责任感是否可以让他们一直不计回报付出下去？各地政府要找准对乡贤的激励因素，无论是精神激励还是经济激励，要不断加强激励才能维持村民理事会的良好运行。

## （二）村民理事会再度行政化趋势

在中国的基层社会治理过程中，自治与行政一直是此消彼长的关系。在传统时期，皇权不下县的乡村社会，县下靠自治，乡村社会的自治程度高；在集体化时期，行政权力将每个人纳进管理体系里面，乡村社会有行政而无自治；而目前的个体化时期，原子化的农民直接面对政府，无法构建起自治性的组织力量。下迳村的村民理事会是政府指导扶持下的村民自治组织，是行政与自治的结合，其营造的公共性也是兼顾行政与自治的性质。在具体的运行中，村民理事会需要协助村民委员会承担本村的一些日常事务，在下迳村发展汤泉景区时借用了本村的涉农资金，在建造木屋别墅时与政府合作将扶贫资金投入其中，可以说下迳村的村民理事会一直与政府紧密合作，在政府的扶持下发展壮大。

自然村的村民理事会是行政村的村民委员会下属的一个村民自治组织，主要作用是激发村民的内生治理动力，提高村庄自我管理、自我服务的能力。如果村民理事会与基层政府合作过密，承接太多基层政府的行政任务，那么就会像村民委员会一样出现"再度行政化"的趋势。因此基层政府对于村民理事会应该起指导作用，使村民理事会避免过度行政化，始终保持自治的动力。但是村民理事会在实际运作中与行政是难以分离的。在近年浸潭镇各村村民委员会的换届工作中，下迳村的村民理事会理事长邹瑞文当选为六甲洞村村民委员会的村党支部书记、村委会主任。附近乡村中治理效果同样较好的虎尾村，村民理事会理事长也是六甲洞村村民委员会的成员。这使得村民理事会与基层政府和村两委存在天然的联系，其他村庄也会对这两个村庄是否利用行政资源获取了更多发展资金存在怀疑。下迳村的村民理事会理事长已经担任了村民委员会的村支书，那么下迳村也必然要选出新的理事长人选，在接下来的发展过程中也要把握好自治与行政的界限、村民理事会与基层政府的关系。

### （三）村民理事会缺乏有效监管

任何的组织和机构都需要监督才能发挥其应有的作用，无论是内部监督还是外部监督，监督可以规避风险。下迳村在构建村级自治组织时还成立了村务监督委员会，村务监督委员对村中各项事务落实进行监督，对村里的收支单据、财务信息进行审核，并对村民关心的财务管理问题予以解释；规定了村务监督委员会按期、按需对村级党务、事务、财务事项进行监督审议，及时公布，让村民明白、干部清白。但在实际运行过程中，村级的自治组织村民理事会实际权力较大，村务监督委员会存在形式化的困境。下迳村的村民理事会与经济合作社是一套人马、两块牌子，而村务监督委员会是另外的人员组成。下迳村的汤泉景区发展兴旺，村民们以钱入股、以物入股和以劳动入股，景区聘请了专业的会计人员，也及时公开账目供村民们查看，属于经济合作社的内部监督。

村务监督委员要想对村民理事会和经济合作社进行有效监督，首先要保证监督人员的专业性，包括专业的会计人员等，这对人员的要求比较高，村务监督委员会的成员年纪较大,恐难以达到有效监督的要求。其次要保证监督人员的权威性,村民理事会的成员是村中威望较高的新乡贤和宗族长老,在村中拥有一定的话语权,而村务监督委员会的成员与村民理事会的理事成员相比地位和话语权要弱一些,村民的认同度也低一些,这也导致村务监督委员会难以实现有效的监督。最后要保证基层政府的监管到位。对村民理事会进行监督不仅是村务监督委员会的责任,也是乡镇政府和村民委员会的责任所在。而在实际的运行中,基层政府的监管是缺位的,对村民理事会的账目和决策不能进行有效的监管。下迳村的村民理事会在发展过程中动用了涉农资金和当地的扶贫资金合作开发一些扶贫项目,所以基层政府更有责任和权力对村民理事会进行监管。目前在我国一些农村地区,村庄村干部化为村霸,村民理事会成为滋生腐败的温床。基层政府应该警惕这种现象的发生,对各村实行有效的监管。

## 三、完善村民理事会建设的建议

中共中央、国务院已多次发文强调要加强农村的基层组织建设,村民自治的发展需要以自治组织为抓手。村民理事会是基层社会组织,也是村民实现自我管理、自我服务的村民自治组织。村民理事会将个体化的村民组织起来,将个体化的利益表达变成村集体的利益诉求,在村庄重新构建起公共性,使村民重新关注集体事务,形成集体行动。村民理事会作为一种乡村试点建设的社会组织,在发展过程中会出现一些偏差,因此需要完善村民理事会的发展。根据前文对下迳村村民理事会的成效与不足分析,我们对完善村民理事会的发展提出以下建议。

### (一) 加强政府引领,完善制度建设

村民理事会由政府培育引导产生,在发展过程中自然要接受政府的引领。村民理事会虽然经村民选举产生,是基层的社会组织,但需要各级党委和政府对其发展加以引导,使其充分发挥职能。各级党组织是实现乡村振兴最有力的政治保障和组织保障,实现村民自治与加强党组织对农村工作的领导是相辅相成的。各级政府应该推动党建重心下移,推动党组织向基层延伸,加强基层治理中党组织的引领,以党组织引领促进社会组织的发展。例如下迳村在党支部的引领下设立了村民理事会、经济发展合作社以及村监督委员会等村级自治组织。通过党建引领,可以激发党员干部的先锋带头作用,可以为基层治理提供人才保障和组织保障。

政府应该出台关于规范村民理事会发展的指导意见,明确村民理事会的职

责范围和办事章程。村民理事会要成为运行有效、功能完善的基层社会组织，就应该具备健全的规章制度和运行机制。首先要明确村民理事会的职能范围。村民理事会侧重于协助调解邻里纠纷和兴办农村公益事业，并在基层党组织和村民自治组织的领导下开展工作，弥补了基层党组织和自治组织提供公共产品和公共服务的不足。其次要设立村民理事会章程。包括理事会成员的选举和产生、村民议事的流程以及财务制度等一套明确的工作范围和工作程序，使村民理事会朝着程序化、制度化和规范化的方向发展。只有通过政府的正确领导，以及相应规章制度和办事流程的完善，村民理事会才能平稳健康地发展。

## （二）严格选人程序，完善自身建设

村民理事会发挥作用的效果与理事的能力和素质相关，需要在选举初期就严把关，提高理事会的自身水平。首先要严格选人程序，科学推选有威望、有能力、有公德的人士担任村民理事会理事。一要明确理事的任职资格和条件，提名理事人选要严把"入口关"；二要优中选优确定理事候选人；三要通过村民民主选举产生理事会理事。选举应该在乡镇、村两委干部的监督见证下进行，确保选举的程序透明合法，选出村民心中真正信任的理事会成员。其次要加强村民理事会的人才队伍建设，提升理事的素质。目前不少地方的村民理事会理事年纪过大，缺少年轻理事。各地基层政府应该与村民理事会协同解决理事老年化这个问题。各地基层政府应该加大对外出乡贤的激励政策，吸引年轻乡贤加入理事队伍，可以采用物质奖励与精神奖励相结合的方式吸引人才回流，为新乡贤参与乡村治理搭建平台。村民理事会在推选理事时也要考虑理事会的年龄结构和长远发展，注重培育和吸纳年轻理事，不能只一味吸纳宗族长老等有影响力的人进入理事会，也要给有能力、有公益心的年轻人一个展现的机会。注重理事的自身素质，理事要坚持德才兼备，以德为先。当前各地村民理事会的理事在品德上能得到村民的认可，但还需要加强社会主义精神文明的学习和法制意识的培育，理事会成员需要将现代民主法治的理念融入自己的言行，给村民树立良好的榜样，促进民主法治的观念在乡村的传播。

## （三）完善监督机制，加强外部监督

当前我国乡村地区需要加强内部监督，乡镇政府和村委会需要加强外部监督。目前各地在建立村民理事会的同时，有些地方设立村务监督委员会，对村民理事会起监督的作用，但对村民理事会的监督还是不够，不少村务监督委员会机构悬置，存在不想监管、不敢监管、不会监管等现象，使得村务缺乏有效的监管。

首先要加强内部监督。各地应该在建立村民理事会的同时设立村务监督委员会,并对监督的事务和程序进行严格的规定,按时公开监督的内容。同时村民理事会也要每月按时公开主要工作和资金使用,对于村中重要事项的议事必须召开村民大会与村民一同商量。村务监督委员会应该推选有威望的长老和有会计、法学等专业知识的村民担任成员,确保监督的权威性和专业性。其次要加强村两委对村民理事会的监督。村民理事会是村民委员会的内部机构,村民委员会有义务对村民理事会进行监督。村民委员会应该定时对村务进行监督,对村民理事会的日常运作进行监管,保证议事流程和处理事务的程序正当和资金使用的公开透明。最后是基层政府要对村民理事会的项目资金运用和理事的作风等进行监督,确保村民理事会风清气正,杜绝村民理事会成为乡村腐败滋生的温床。

### (四) 大力发展经济,促进乡村振兴

村民理事会应该以促进乡村的有效治理和达到乡村振兴为目标,日常职责包括利用好各项到村的涉农支持补助资金项目,开展公益事业和发展经济等活动。目前村民理事会将经济能人纳入其中,希望理事参与乡村治理的同时也能发挥经济领头羊的作用,促进村民增收,带领村庄实现共同富裕。乡贤群体中的经济能人对乡村有情怀,有超前的眼光和创业的激情,是乡村产业发展的新动能。

乡村要振兴,不能仅靠政府与外部资源的一味输血,而是要激活村庄的内生发展动力,使输血变造血。各自然村可以成立经济发展合作社,发展村集体经济,可以让村民理事会负责发展经济的任务。村民理事会理事应该召开会议商量村庄发展经济的方向,可以利用村庄资源、理事自身的资源和才学以及基层政府的一些项目,发展本村的产业与经济,壮大发展村集体经济,推进土地整合,增强土地流转的灵活性。当前,各地政府都推出了"一村一品"等产业发展项目,村民理事会应该积极协助政府发展本村的特色产业。

积极与农业企业、科技企业谋求合作,创新"企业+村民理事会+农户"的经营模式。2020年,农业农村部、国家发展改革委员会等九部门联合发布了《关于深入实施创新创业带头人培育行动的意见》,提出到2025年,要培育农村创新创业带头人100万以上。清远市建立了乡村治理新闻官制度,利用新闻官开展"三传一助",即传思想、传文明、传政策、助致富。其中不少新闻官利用互联网直播宣传当地的特色农产品,成为农民致富的带头人。清远市的新闻官制度在2020年入选第二批全国乡村治理典型案例,有效地促进了乡村治理和乡村振兴。村民理事会的理事成员应该多学习、多交流、多借鉴,以发展本村的经济为己任,将村民理事会视为展现自身能力的平台,带领村民增收致富。

## （五）发展社会组织，促进协同治理

与城市社区相比，农村地区的社会组织数量少，发展缓慢。社会治理的核心理念是"党委领导，政府负责，社会协同，公众参与"，在农村地区要想实现有效治理，必须动员起更多村民和社会组织的力量参与到治理中。发展社会组织不能仅限于或仅止于成立村民理事会，应该发展更多社会组织，例如老人协会、妇女协会、志愿者组织等社会团体。发展多种社会组织有利于村民理事会与各种组织形成协同共治的治理环境；有利于激发更多村民的治理主体意识；也有利于公共性的建构和乡风文明的建设。

发展老人协会，可以团结村庄有威望的长老与赋闲在家的老人；老人协会可以开展多种老人活动，丰富农村老年人的精神文化生活；老人协会可以协助村民理事会对村庄的矛盾纠纷进行调解；将老人组织起来可以形成尊老爱老的优良村风，可以抵制虐待老人、不赡养老人的恶劣行径。发展妇女协会，可以团结村中的妇女力量。目前各农村的"606138部队"存在着知识水平不高、治理能力有待提高的困境。针对这种困境，可以从妇女入手，利用村文化书屋、文化广场等场所，为妇女提供共同学习共同交流的平台。"一花独放不是春，百花齐放春满园"，广大的农村地区应该繁荣社会组织的发展，以村民理事会为主线，老人协会、妇女协会等社会组织协同发展、协同治理，动员起村民的力量参与乡村治理，以期达到乡村的善治。

# 第六章 优秀传统文化资源活化利用中基层政府职能创新

## ——基于南粤古驿道的观察

自 2016 年起,广东省各级政府和有关职能部门对南粤古驿道及其沿线公共文化遗产进行保护、挖掘和活化利用,为沿线地区带来了一系列公共利益。政府部门在活化工作中主要履行了文化职能、经济职能和社会职能,但伴随着工作的深入,一些政府职能践履失效的现象也开始显现。同时,活化工作经历了各级政府部门几年来"输血式"的投入之后,也需要找到新的发展方式,增加其"造血"的功能。为此,政府需要进行职能创新。本章以结构功能主义和合作治理作为理论基础,从合作共治等角度切入研究,尝试为政府部门未来在活化利用工作中实现职能创新,营造新的活化模式,促进传统文化资源活化工作可持续发展。

## 第一节 南粤古驿道及其传统文化价值

始于先秦时期、延宕至晚清的南粤古驿道是我国宝贵的历史文化遗产。从 2016 年起,广东省有关职能部门和各级地方政府以古驿道为载体,采用古驿道与体育、文化、旅游等元素结合的创新模式,对南粤古驿道及其沿线公共文化遗产进行保护、挖掘和活化利用。在五年多的挖掘和活化工作中,政府部门履行了文化、经济和社会职能,为沿线地区带来了一定的公共利益,促进乡村振兴战略的实施,改善沿线贫困地区的乡村基础设施建设、人居环境、卫生条件、交通路网建设。但是,随着活化利用工作的深入开展,一些问题也逐渐显露。同时,伴随着活化利用工作进入新的阶段、有了新的目标,政府职能践履的现有模式已经难以适应活化工作未来发展的需求。因此,亟须对政府职能进行创新性研究,从而解决政府部门当前职能践履失效的问题,为活化利用未来的发展和模式创新注入新的动力。

## 一、南粤古驿道

广东省内目前现存的六条古驿道线路包括了粤北秦汉古驿道线路、北江—珠江口古驿道线路、东江—韩江古驿道线路、西江古驿道线路、潮惠古驿道线路、肇雷古驿道线路。海上丝绸之路重要出海口纪念地有广州黄埔古港、汕头樟林古港、台山海口埠和徐闻海丝始发港。六条南粤古驿道线路包含14条主线,56条支线,贯穿全省21个地级市,全长约11230公里。据不完全统计,全省现存古道本体共计233条,总长710.44公里。古驿道沿线历史遗存丰富、种类繁多,文物古迹共906处。古驿道的本体、沿线的文物古迹、历史文化名城、历史建筑以及非物质文化遗产都是前人留下的珍贵文化遗产。

## 二、活化利用

与一般利用相比,活化利用的特点在于"活"。南粤古驿道活化利用的核心是"活"与"转化",将古驿道沿线历史文化遗产的核心价值进行深一步的挖掘、提炼、凝练,去芜存菁,古为今用,使其转化成为符合中国优秀传统文化价值的内容。广东省对于南粤古驿道的修复和活化利用主要是以线性古驿道历史遗产空间的再利用为载体,串联沿线的古驿道遗存、历史文化城镇村、文物古迹以及自然景观资源等节点,挖掘和展示非物质文化遗产。各级政府部门以南粤古驿道保护和活化利用工作带动沿线乡村发展,修复利用古驿道遗存,为公众创造满足现代生活需求的线性文化空间和更优质的公共生态产品,通过住建、规划、体育、旅游、文化、交通等方式,为古驿道沿线村庄注入发展的内生动能,全面促进乡村振兴。①

南粤古驿道的活化利用工作为公众带来了两个方面的公共利益。一是通过活化利用古驿道沿线的历史文化遗产,增加岭南文化的现代内涵,在精神层面解读南粤古驿道的文化内涵,为岭南文化注入传统的因子,让这些传统文化能够古为今用,"以古人之规矩,开自己之生面",实现中华文化的创造性转化和创新性发展。这些成果可以为社会和公众带来教育和文化等领域的发展和公共

---

① 广东省住房和城乡建设厅:《南粤古驿道保护修复与活化利用》,《南方建筑》2017年第6期,第4页。

# 第六章 优秀传统文化资源活化利用中基层政府职能创新——基于南粤古驿道的观察

利益;二是将南粤古驿道的活化利用与社会经济发展联系在一起,通过活化利用工作,可以为沿线村镇带来经济效益,促进乡村振兴战略的实施,改善农村的公共基础设施和公共卫生环境,加快乡村地区与外界之间交通路网的建设以及新农村建设,提高农民收入。这些成果又为公众带来了社区文明生活、公共卫生以及社会福利等方面的公共利益。

## 三、基层政府职能

(1)政府职能。政府职能也叫行政职能,国内学术界对于政府职能含义的界定有多种观点。如张康之等学者认为,政府职能就是在一定时期内政府因为国家和社会发展需要而担负的管理国家、社会公关事务的基本职责。[①]齐明山、李善阶等人则从功能的角度对政府职能进行了界定,认为其是政府在国家和社会中所扮演的角色和应发挥的作用。[②]综合这几种观点,本研究认为,政府职能的核心离不开职责和功能。因此本研究将政府职能界定为"行政主体作为国家管理的执行机关,在依法对国家政治、经济和社会公共事务进行管理时应承担的职责和所具有的功能"。它是公共行政本质的反映,体现着公共行政活动的基本内容和方向。从内容上看,政府职能可以被划分为四个方面。

第一,政治职能。亦称统治职能,指政府为维护国家统治阶级的利益,对外保护国家安全,对内维持社会秩序的职能。

第二,经济职能。经济职能指政府为国家经济的发展,对社会经济生活进行管理的职能。我国政府主要有三大经济职能:宏观调控职能、提供公共产品和服务职能、市场监管职能。

第三,文化职能。文化职能指政府为满足人民日益增长的文化生活的需要,依法对文化事业所实施的管理。它是加强社会主义精神文明、促进经济与社会协调发展的重要保证。我国政府的文化职能主要有以下四类:发展科学技术的职能、发展教育的职能、发展文化事业的职能、发展卫生体育的职能。

第四,社会职能。即指除政治、经济、文化职能以外政府必须承担的其他职能。

(2)活化工作中的政府职能。当前,各级政府部门在南粤古驿道活化利用工作中主要履行的是文化职能、经济职能和社会职能。其中,文化职能的履行

---

① 张康之:《公共行政学》,北京大学出版社 2010 年版,第 101 页。
② 齐明山、李善阶:《行政学导论》,中国人民大学出版社 2006 年版,第 34 页。

主要体现在挖掘和活化利用文化遗产的精神价值，如举办各类与古驿道相关的文体活动，在乡村中设立与当地文化紧密结合的文化馆、公共图书馆、农家书屋，完善基层公共文化服务设施以及修缮沿线地区的红色革命遗址等。经济职能和社会职能的履行主要体现在结合古驿道文化遗产的活化利用，促进沿线地区乡村振兴、农村经济社会的发展、基础设施的建设和公共卫生环境的改善，为社会提供公共产品和服务。政府履职效能的高低主要体现在各级政府部门能否有效推进落实这些工作。

从属性上看，政府职能具有动态性的特点。政府职能始终是变化的，取决于市场经济条件下政府与市场关系的动态性、政府与社会关系的力量对比以及政府与自然界的关系演变。在进行课题研究的过程中，笔者通过实地调研和访谈发现，在南粤古驿道活化利用工作中，政府的职能并非一成不变，应随着工作出现的变化，做出适当的调整和创新。当前政府所履行的职能在未来有可能会演变成为政府的越位、错位和缺位。伴随活化工作进入到不同的阶段，对政府职能的界定以及履职效能的评估也应有所变化调整。在活化利用工作的初始阶段，政府部门处于主导地位，调动相应的人力物力和财政资源完成了大量基础性的工作。但随着活化工作进入新的发展阶段，当前这种政府"大包大揽"式的现状将会抑制其他社会主体参与活化工作的热情，同时会对政府的其他工作和财政造成压力。因此，政府在未来活化工作中的职能定位需要逐步转向引导、管理、规范和服务等方面。对政府履职效能的判断应转变为评估政府能否平稳地向市场和社会放权，协调、激励社会资源参与活化工作、优化服务、加强管理和监督。进而言之，活化工作中政府职能界定和履职效能评估的动态变化也成为政府进行职能创新的需求。

（3）政府职能创新。政府职能创新是指政府根据社会政治、经济、文化发展的需要以及政府管理能力和方式的变化而对政府职能结构进行的调整。政府职能创新主要包括五个方面，分别是职能深度与宽度的调整、职能体系中职能重心的转移、职能结构的优化、职能运作程序与运行手段的转变以及政府职能水平与政府能力的提高。① 在南粤古驿道活化利用工作中，应然状态下的政府职能应是能有效地推动活化工作的开展，并使之在未来可持续发展。若当前的政府职能在未来有可能演变为职能越位、缺位和错位，政府进行职能创新的必要性将逐渐凸显。对活化工作中的政府职能进行创新性研究，实质就是重新审视和认识原有的政府职能内涵和履职效能问题，根据活化工作未来的发展需求

---

① 张波：《政府公共文化服务职能创新研究》，吉林大学硕士学位论文，2009年。

## 第六章　优秀传统文化资源活化利用中基层政府职能创新——基于南粤古驿道的观察

配置与之相适应的职责和功能，使活化利用的模式从政府主导向内生动力驱动的方向转变，以适应活化利用工作未来的发展需求。

党的十八大以来，我国高度重视加快转变政府职能，围绕着"政府职能"这个核心，深入推进"放管服"改革。政府职能创新的本质是要通过简政放权等手段，实现政府职能转变。重新精准定位政府与社会之间的关系，将政府历史权利有选择地弱化后，赋予社会进行使用，以此激发社会积极性。① 政府的转型创新首先需要根据市场经济发展的规律和要求重新摆正职能定位，将资源配置的主要职能转给市场，政府把市场和社会不能发挥作用或作用发挥不好的事情做好。② 全能型政府已然无法适应当下乡村社会发展的多样化需求，而且还会进一步加剧乡镇政府的行政成本，使得基层政府治理的有效性无法可持续地惠及乡村民众。③ 基层政府应当是"适度规模的有力且有为之政府"，有限政府始终嵌入并贯彻于乡村治理实践之中，必然要求基层政府在权力职能以及规模上都控制在有限的区间范围之内。④ 转变和创新政府职能既是政府角色的根本转变和市场主体结构的位移，也是局部利益的调整或某种权力的失落。⑤ 重新审视和合理界定地方政府的社会管理职能，是促使地方政府从大量微观事务中解放出来又不致造成政府在社会领域若干方面出现职能缺位的必然要求。⑥ 近年来，社会管理与公共服务职能逐渐成为地方政府职能创新的重要方向。在"全能政府观"下，地方政府在社会管理与公共服务职能上存在着越位与缺位的情况。只有多元化的治理主体结构才能够实现社会公共服务职能，弥补地方政府在治理上存在的缺陷，从而实现社会的平稳发展。⑦ 政府职能改革理念应

---

① 高宇：《社会治理创新中如何提升政府职能转变》，《经营管理者》2020 年第 5 期，第 62 - 63 页。

② 胡衡华：《推进政府转型创新　提高政府治理水平》，《中国行政管理》2015 年第 7 期，第 157 - 159 页。

③ 王衡：《国家认同、民主观念与政治信任——基于香港的实证研究》，《经济社会体制比较》2015 年第 3 期，第 147 - 161 页。

④ 詹国辉：《乡村振兴战略下乡村治理质量评价体系构建研究——基于理路、原则与指标体系的三维分析》，《广西社会科学》2019 年第 12 期，第 59 - 65 页。

⑤ 周定财：《结构功能主义视角下地方服务型政府的结构分析》，《上海行政学院学报》2016 年第 3 期，第 43 - 52 页。

⑥ 任宗哲：《地方政府社会管理职能新探》，《西安交通大学学报》2001 年第 3 期，第 27 - 32 页。

⑦ 袁萱：《转型时期我国地方政府社会管理与公共服务职能——以政治结构功能主义为视角》，《学理论》2014 年第 7 期，第 43 - 44 页。

将政府职能界定更多建立在政府与市场（社会）有机统一的基础之上，进一步将政府职能拓展为公共价值创造。① 政府需要进一步强化服务职能：从过去的"管、征、批"管理型政府向"扶、帮、引"服务型政府转变。② 在向服务型政府转变的过程中，政府需要加强监管职能，防范政府失灵现象。③ 加强监督机制，就是要完善事前监督与事后惩罚机制：从外部加强社会监督与约束，从内部加强政府机构从上至下的纵向监督约束和同级机构的横向监督约束。④

## 第二节 南粤古驿道活化利用中政府职能践履现状与问题

### 一、政府部门修复与活化古驿道创造公共利益

为了推动全省古驿道线路的建设工作，在广东省委、省政府的工作部署下，广东省住房和城乡建设厅在 2016 年 11 月牵头组织编制了《广东省南粤古驿道线路保护与利用总体规划》（以下简称《规划》）。《规划》对南粤古驿道线路的发展目标、空间结构等方面做出了规划安排，结合资源分布、交通组织、城镇发展和精准扶贫等要素，将南粤古驿道线路的空间结构划分为六条古驿道线路和四个重要节点。

在全国范围内，广东省是较早开展古驿道保护利用工作的省份。自 2016 年起，南粤古驿道的保护利用工作连续五年被写入省政府工作报告。2018 年 5 月，广东省委、省政府《关于推进乡村振兴战略的实施意见》也把南粤古驿道列为规划建设一批精品乡村旅游线路的内容。南粤古驿道的修复和对沿线文化遗产的活化利用工作主要是在省有关部门和各级地方政府的主导下进行的。为做好南粤古驿道保护利用工作，广东省成立了"南粤古驿道保护利用工作技

---

① 吴春梅、翟军亮：《公共价值管理理论中的政府职能创新与启示》，《行政论坛》2014 年第 1 期，第 13 – 17 页。

② 毛才盛、袁平：《乡村振兴战略要求下宁波乡镇政府职能创新研究》，《宁波经济》2018 年第 9 期，第 17 – 19 页。

③ 李瑾、张坤：《公共事业管理中政府失灵现象研究》，《劳动保障世界》2018 年第 2 期，第 76 页。

④ 高炳华：《政府失灵及其防范》，《华中师范大学学报》2001 年第 1 期，第 43 – 48 页。

## 第六章 优秀传统文化资源活化利用中基层政府职能创新——基于南粤古驿道的观察

指导组"和"南粤古驿道历史遗存修缮委员会",对各条古驿道及其历史遗存修缮进行技术指导。五年多来,政府部门采用多种模式进行活化利用:举办"南北通融——南粤古驿道展览",开辟了南粤古驿道展厅;以文体旅融合的概念,举办了南粤古驿道文化之旅、中国南粤古驿道首届文化创意大赛等活动;组织省"三师"(规划师、建筑师、工程师)志愿者与古驿道周边近200个省定扶贫村进行结对帮扶;积极推动古驿道沿线农产品注册国家地理标志商标。①

各级政府和省有关部门在活化利用工作中,主要履行了文化职能、经济职能和社会职能。经过五年多的投入和努力,各级政府部门的工作已经初见成效。活化利用工作在一定程度上改变了沿线贫困地区的落后面貌,为社会和公众特别是沿线地区的乡村带来了公共利益。其中,经济职能和社会职能的履行主要体现为带动乡村经济社会效益的提升,建设交通路网,改善乡村基础设施和卫生环境,带来了社区文明生活、公共卫生以及社会福利等方面的公共利益。文化职能的履行主要体现为通过增加岭南文化内涵、挖掘红色文化元素等所带来的文化和教育等领域的公共利益。

### (一)带来村容村貌和公共卫生环境的改善

南粤古驿道在古代是沟通南北的交通要道,沿线地区分布着大量的镇村、驿站、驿铺等。在驿道的带动下,这些地方古时乃是喧嚣繁华、商业发达之地,人流如织。在进入现代社会之后,古驿道的道路功能大大弱化,随着现代交通网络的完善,大多数古驿道已变得人迹罕至。沿线大量镇村地处在粤东、西、北的山区,在古驿道失去交通功能的情况下,这些镇村也失去了古时的喧嚣,逐渐没落了。随着政府有关部门开展对古驿道本体的修复和保护工作,在完善古驿道周边基础设施建设的过程中,古驿道的保护利用工作极大地改善了古驿道沿线地区的生态环境。② 近年来,广东省有关职能部门推进了11条南粤古驿道重点线路共740多公里的修复工作,保护修缮了一批古驿道旁的历史文化遗存。经过修复后,昔日荒草丛生、人迹罕至的古驿道变成了一条条乡村旅游的精品线路。与之相邻近的沿线村庄在人居环境、卫生环境和基础设施建设上也得到了很大的改善。

下面以梅州市平远县八尺镇角坑村为例进行分析。角坑村有着丰富的"红

---

① 广东省住房和城乡建设厅:《南粤古驿道保护修复与活化利用》,《南方建筑》2017年第6期,第4页。

② 郭壮狮、张子健:《以线性文化遗产保育活化带动沿线村庄社会经济发展——浅谈广东省南粤古驿道保护利用工作》,《中国勘察设计》2018年第11期,第22-27页。

色基因",村附近的梅州岇古驿道属于粤赣古道的一部分,也是当年红军走过的"红军路",附近分布着梅州岇、马兰铺等一批红色遗址。角坑村地处广东省与江西省的交界附近,周围群山环绕。过往村内的牲畜随意放养,卫生环境较差;村屋也是年久失修,显得老旧。近年来,八尺古驿道上的红色文化元素受到了越来越多的重视,经过修复和改造之后,曾经人迹罕至、无人问津的古驿道变成了一条红色文化精品线路。伴随着新农村建设的推进,角坑村的村容村貌有了翻天覆地的变化。笔者曾经在2018年11月和2019年4月两次前往角坑村实地采访和调研,见证了角坑村"改头换面"后的变化。八尺镇角坑村妇女主任ZYM在访谈中介绍说:"从2017年开始,在县和镇政府的帮助下,角坑村大力开展了'三清三拆三整治'工作,共丈量清拆面积超过两万平方米,拆除危旧房接近一万平方米,完成外立面改造158户,完成厕所改造11户,启动'三线'改造工程整治空中'蜘蛛网'。另一个巨大的变化是入村道路的改造,角坑村对村道进行大规模的扩建,将原来5米宽的村道扩建到7米宽,可以供两台客车双向行驶。同时,村里整治了村道旁的水渠,完成了'三清三拆'和外立面改造,村容村貌焕然一新"(访谈资料201903ZYM,编码规则:访谈日期、人员身份代码)①。基础设施的改善让村民们受益良多。角坑村乃至八尺镇的红色资源都十分丰富,当地在新农村建设和古驿道修复中不仅翻新修缮了梅州岇古驿道上的古茶亭、古驿铺和广东、江西两省的界碑,还修缮了村里马兰铺红四军干部宣讲旧址等,并新建了红军文化展馆。八尺镇镇长ZG在访谈中说:"八尺镇委和镇政府重点以红军文化、古驿道文化、党建文化三个文化阵地做好工作,促进乡村建设。特色党建阵地、红色文化展厅、综合文化广场等建设完成后,不仅可以供党员干部、村民等进行学习培训,还可以方便游客近距离地了解当地红色文化,并丰富村民生活。八尺镇正在活化利用这些红色资源,借助大赛将它们逐一打造,成为角坑村美丽乡村的特色。我们还计划将角坑村发展为红色文化宣传阵地,共计建设3家不同主题的红色展馆"(访谈资料201903ZG)。古驿道的修复改造结合了红色文化资源的挖掘以及新农村建设,这"三驾马车"让地处偏远的角坑村焕发了新生。古驿道的修复工作改善了沿线地区的村容村貌、基础设施建设和公共环境,为当地群众带来了相应的公共利益。在对古驿道进行修复的同时,当地也打造了具有红色元素的公共文化产品。

---

① 本章访谈内容,详见附录9。

## （二）促进乡村经济发展和村民收入提升

有些地方的政府部门在改善公共卫生环境和村容村貌的同时，进一步修复活化了当地的古驿道和文化遗产，打造特色旅游产业，以促进乡村经济的发展。下面以广州市从化区吕田镇莲麻村为例进行分析。莲麻村是广州最北、最偏远的贫困村，村经济属于自然经济，发展缓慢。"垃圾围村""垃圾处理靠风刮"曾是当地人居环境的真实写照。近年来，当地各级政府部门积极推动村容村貌和环境卫生的整治，深入挖掘当地的古道和文化遗产、红色遗产等资源，打造特色旅游产业，帮助村民增收、提振乡村经济。据广州市从化区吕田镇莲麻村委委员 FQM 在访谈中介绍："2015 年起，我们以发展特色小镇为契机，在上级政府部门的支持下，莲麻村围绕古道和红色文化打造了休闲健身和旅游配套产业，修复了一条自宋代留存下来、长 1.2 公里的古道，修复扩建了黄沙坑革命旧址纪念馆等一批红色遗址。公共卫生环境的改善和基础设施的建设，帮助村民拓宽了就业增收致富的路子。2013 年以前，全村村民的主要收入来源都是劳工收入和种植三华李、砂糖橘、水稻等作物，人均年收入还停留在 7000 元左右。伴随着古道修复、文化遗产的挖掘以及公共卫生环境的整治和改善，逐渐发展起的乡村旅游业使村民的就业方向逐渐转向了开办民宿、酒馆酒铺、餐馆以及摆卖等，村民的人均年收入在 2019 年时达到 3.3 万元"（访谈资料 202010FQM）。经济的发展和收入的提升也为乡村注入了内生的动力，吸引外出打工的青年返乡创业。2020 年，莲麻村的户籍人口是 1598 人，返乡创业的人口约占其中的 10%。

## （三）创造乡村公共文体与教育产品

政府部门对于南粤古驿道的活化利用，有多种多样的形式和途径。例如在古驿道上举办各类型的文体活动，将古驿道与文化、体育、旅游、农业等元素相结合，吸引外界的关注和投入，推动对历史文化遗产的活化利用。在这一过程中，政府的文化管理职能也得以体现。

《规划》总体目标的其中一项就是将南粤古驿道建设成为"推动广东户外体育、乡村旅游的健康之路"[①]。响应国家全民健身计划，利用南粤古驿道线路及其沿线节点，开展形式多样的户外运动，满足全省人民日益增长的生活休闲需求。自 2016 年起，在广东省委、省政府的高度重视下，广东省体育局联合广东省住房和城乡建设厅等十多个政府职能部门举办南粤古驿道定向大赛，以

---

① 广东省住房和城乡建设厅、广东省文化厅、广东省体育局、广东省旅游局：《广东省南粤古驿道线路保护与利用总体规划》2017-11-10。

赛事为载体，通过对古驿道沿线公共文化遗产的活化利用，推动了粤东、西、北偏远地区的公共事业和经济社会发展，让古驿道、古村落焕发新时代的"声音"。古驿道大多位于偏远地区，平日里少人问津，所以南粤古驿道沿线蕴含着的丰富历史文化遗产一直都处于"养在深闺"的状态。政府有关部门在古驿道上举办定向大赛最直接的作用就是打开一个"窗口"，带来外界关注的目光，"盘活"古驿道文化。通过举办和宣传定向大赛，实现南粤古驿道与文化的深度融合，带动了古驿道沿线文化遗产的保护和活化利用，并借此推动了古驿道沿线的旅游开发，打造旅游品牌、促进沿线地方产业差异化发展。

除了南粤古驿道定向大赛之外，广东省的政府部门以及各行业协会等单位还举办了如南粤古驿道红色之旅、南粤古驿道文创大赛、南粤古驿道少儿绘画大赛、广东大学生南粤古驿道微纪录片大赛、南粤古驿道航空定向大赛、南粤古驿道汽车定向大赛、南粤古驿道旅游方案设计大赛等一系列活动。这些文体活动让沉睡在古驿道上的公共遗产（文化遗产）"活"起来，能够被"用"起来，为公众带来了公共利益。这些公共利益主要体现在公共文化和教育等领域。首先在文化方面，通过挖掘公共文化遗产中具有悠久历史的文化元素，衍生出大量跟公共文化相关联的内容和项目。例如，在乡村中设立与当地文化紧密结合的文化馆、公共图书馆、农家书屋、电子阅报栏，完善了基层公共文化服务设施等。文化遗产是滋养中华民族的乳汁，挖掘整理、宣传推介南粤古驿道，可以唤起村民内心深处对家园久违的自豪感，为广东提供了最为基础、最为根本、最为深沉的文化自信源泉。同时，这些文化元素还大大增加了岭南文化的内涵，对文化强省战略的贯彻实施、南粤特色文化体系的构建都有巨大的助力，从而进一步夯实了文化自信的根基。在这个过程中，政府部门通过贯彻实施修复和活化利用古驿道的公共政策，挖掘了公共遗产的文化元素与核心价值，创造了公共文化产品，完善了公共文化服务体系，履行了政府提供公共服务的职能，从而体现了公共管理的价值。其次在公共教育的领域，活化利用古驿道的公共遗产也能为公众提供社会公共教育服务和产品。相关部门在南粤古驿道沿线地区已发现数百处的红色革命遗址。广东省有关部门和地方各级政府挖掘出了驿道沿线大量的红色革命历史，并将沿线的红色遗址进行修复保护和活化，设计出了红色文化主题的公共教育项目：例如古驿道红色文化徒步线路、河源市东源县的阮啸仙故居（纪念馆）、韶关市乐昌坪石镇和清远连州的抗战时期华南教育遗址及华南教育历史研学基地、梅州市平远县的红四军纪念馆等。这些具有红色元素的项目对于公众接受红色文化主题教育、爱国主义教育和进一步健全我国公共教育服务体系，都有着极大的帮助。

从结构功能主义的视角来看，南粤古驿道这五年所取得的活化成效体现了

第六章 优秀传统文化资源活化利用中基层政府职能创新——基于南粤古驿道的观察

活化利用工作中社会适应功能和目标达成功能的发挥。南粤古驿道的活化利用工作与乡村振兴战略结合，通过经济系统发挥社会适应功能，从中获得了相应的政策支持、资源和发展空间，契合了我国经济社会发展的大趋势。财政上的支持对于初创起步阶段的活化利用工作有非常重要的帮助，使活化利用工作能够顺利地开展，并在短时间内显现出一定的成效。《规划》明确了活化利用的具体阶段目标，提出到2020年底第二阶段结束时，初步完成"南粤古驿道重点线路及重点发展区域"建设，沿线文化、体育、服务、标识等设施逐步配套完善，古驿道综合功能和社会效益日益显现，使"南粤古驿道"在全国形成了品牌效应。[①] 从目前来看，政府部门履行了社会管理和文化管理、公共服务以及经济等方面的职能，活化工作基本达到了《规划》中所制定的要求，这也体现了政府部门在活化利用中目标达成功能的发挥。

## 二、南粤古驿道活化利用中政府职能践履失效的现象

经过五年的努力，南粤古驿道的修复和活化利用工作依托以各级政府部门为主导的模式，已经取得了显著的成效。各级政府部门组织人力、物力和投入资金，大大改善了沿线贫困地区的乡村人居环境、卫生环境和基础设施建设，并通过挖掘其中的文化元素为社会公众带来了公共文化和公共教育等服务和产品。但各级政府部门在活化利用工作中的职能履行，还是有一些问题存在，具体表现在以下几个方面。

### （一）部分地区政府部门文化管理职能理念落后

在政府的文化管理职能中，公益性文化事业的建设与发展、公共文化服务体系的构建与完善是重要的组成部分。部分地区的政府部门只关注经济收益，在文化管理职能的理念上相对落后，导致了他们对于文化遗产活化利用的意识和认知不足，很大程度上影响了古驿道活化利用的成效。这一点表现为有些地区并没有深入意识到活化利用文化遗产对于带动当地的发展、乡村脱贫致富、实现乡村振兴会有巨大的帮助。这种意识上的欠缺导致地方政府将古道开发保护、文化遗产的挖掘和再利用工作放到了较后的顺位，执行起来的效果自然大打折扣。另一方面，有些地区即便开展了文化遗产保护传承和利用工作，却并没有认识到这是一项可持续发展的工作，工作的进程只停留在对文化遗产展示

---

[①] 广东省住房和城乡建设厅、广东省文化厅、广东省体育局、广东省旅游局：《广东省南粤古驿道线路保护与利用总体规划》，2017 – 11 – 10。

层面上。古驿道的"古",除了是其形成年代久远的体现之外,还在于其重要节点的周边有着众多的历史文化资源。这些都是珍贵的文化遗产和瑰宝,背后有着丰富的历史故事。政府的工作如果只重修复,缺乏对文化价值的挖掘,没有进一步活化利用,无疑极大地浪费了这些文化遗产。从建设文化强省和构建具有南粤特色文化体系的角度来看,我们应该对文化遗产"活化"的价值和目标形成更高层次的认识。笔者调研发现,在文化管理理念上相对先进的地区,当地政府部门往往会将文化遗产保护利用与古道沿线传统村庄的发展结合在一起,进行与古道相关的主题旅游产品、研学产品的设计和推广,使古道的建设与周边村落的开发、研学基地的建设相结合,发挥古道的文旅体综合效应,为古道周边乡村带来新的活力。还有的地方政府通过绿道、古驿道等游径将沿线名人故居、古村资源和滨水景观资源等串联成有机整体,产生叠加效应,彰显地域特色,"以线串点"带动沿线村庄发展。文化遗产的保护和利用是一项系统而复杂的工作,挖掘和保护是第一步,活化利用才是更深层次的工作要求。要真正实现对文化遗产价值的利用,要求参与者首先必须具备"活化"的意识。如果不能进一步提升和创新文化管理职能的理念,将会大大阻碍当地文化遗产活化利用工作的推进。

（二）部分地区履职效能低致使地区间活化成效差异巨大

绝大部分地区对于文化遗产的活化利用都是在当地政府有关部门的主导下进行的。由于广东省内的古驿道大多分布在粤东西北地区,各地经济发展水平、重视程度各有不同,各地区政府部门的履职效能也各有高低,所以造成了地区之间对于古驿道沿线文化遗产的活化利用成效也存在着不同程度的差异。

在政府履职效能较高的地区,往往以发掘、修复周边的古道作为契机积极开展文化遗产的保护工作和活化利用,并在此基础上兴建配套设施打造出旅游、研学、教育等产品。这种做法为偏远地区吸引了关注,集聚了人气。下面以清远市阳山县为例进行分析。清远文化广电旅游体育局驻阳山县阳城镇水口村干部 ZGM 在访谈中介绍:"通过发掘和修复,村附近水口古道上 80% 的青石板都依然保存完好。在县和镇政府的支持下,水口村在文化遗产的活化利用中,将水口秦汉古道建设与阳山韩愈文化、水口伏波将军文化有机结合。通过扩大古道文化与本地文化的融合和拓展,打造公共文化产品,将原来水口粮所的旧粮仓改造成水口秦汉古道博物馆,建立起全国首个在贫困村筹办的民间博物馆。博物馆属于公益性质,全年免费对外开放。博物馆的建立也是各级政府部门精准扶贫工作、利用古驿道文化遗产创造公共文化产品的良好体现。水口村的扶贫工作得到了社会上热心人士的关心支持,博物馆的展品全部来自社

# 第六章 优秀传统文化资源活化利用中基层政府职能创新——基于南粤古驿道的观察

人士的捐赠。在上级政府部门的建议和引导下，博物馆成为水口村的新兴热门旅游景点，还带动了周边的消费和一批当地村民的就业，在博物馆工作的村民人均年收入有近两万元"（访谈资料201909ZGM）。在广东省"三师"专业志愿者们的积极推动以及广东省自然资源厅、广东省文化和旅游厅等政府部门的支持下，当地还挖掘出了一段抗日战争时期华南教育的珍贵历史，并研发出了公共教育项目。通过在南粤古驿道定向大赛阳山站的比赛会场设置"华南教育抗日战争时期粤北办学历史展"，让后人了解到那一段粤北办学的艰苦岁月，继承先驱们在硝烟中认真治学的精神以及时刻准备建设国家、为民众谋幸福的情怀。伴随着南粤古驿道活化的深入，政府部门挖掘、复活内迁高等院校的遗址遗迹，将它们打造成为粤港澳抗日战争华南教育历史的研学基地，有着重塑它们作为粤港澳大湾区教育基地的现实意义。

依托现有的文化遗产资源，清远阳山走出了一条深度活化利用的路子。以活化利用为中心，辐射出旅游开发、文史研究、古道保护、文化教育等多个分支，并带动了精准扶贫和村民收入的提升。但并非所有地区的政府部门在活化开发利用上，都能有这样的履职效能。由于经济实力的制约、政府职能定位不清晰、职能整合不足、职能关系不明确等原因，有些地区政府部门对于古驿道的修复保护和活化利用，更多只是停留在表面。下面以笔者2019年在某县实地调研的观察为例进行分析。该县位于一条千年古道的沿线，途经该县的这段古驿道也是全省南粤古驿道重点线路之一。自2018年起，在省多个政府职能部门的部署和协助下，当地政府推动了对古道本体的修复和沿线历史文化遗产的活化工作。经过对古道重点段的修复施工和基础配套设施的完善之后，该古道于2018年国庆期间正式对游客开放。但是笔者在2019年实地调查中却发现，古道的修复和活化工作依然还存在着不少问题。修复工作存在较大质量问题，建筑体量过大，本体修复粗糙，导致景观环境不佳。由于修复工作没有严格按照有关开发规划进行施工，导致沿线驿站、驿亭等节点设计整体风格、建筑尺度有所偏差，与古道周边环境不相协调。标识系统的设计与安装严重滞后，垃圾收集点、公共厕所等配套服务设施数量不足。其中，在建立标识系统方面，5.5公里的古道线路当时仅设置3处标识系统，且均为定位式指引，解说类等重要标识系统还未建立，极大地降低了古道体验感和趣味性。由于古道的修复和活化工作主要是由当地政府相关职能部门具体实施和推进，所以问题的出现更多是源于这些政府职能部门履职效能较低，未能切实履行主体责任，缺乏有效的工作机制，工作内容不够细化。在规划设计和施工的过程中，当地的职能部门缺乏跟省级职能部门的有效对接，导致工程设计、修复效果和施工质量欠佳。由此可见，政府部门对活化工作的认识和履职效能的高低，往往直接体现

基层治理中的公共性建构——基于广东城乡社区的经验观察与理论阐释

在活化利用的成效上。

（三）活化工作缺乏有效行政监督和评估

南粤古驿道的活化利用工作自2016年开始至今已有五年时间。由于受到古驿道全面摸底调查、资金筹措、人员调配等方面因素的影响，活化利用过程要一步到位解决所有问题并不现实。当地政府需要制定进度规划表，明确阶段性的目标和完成的时间节点，逐步推进活化利用工作。这就要求各地区需要对活化利用工作有持续性，不能半途而废。但有的地区由于缺乏有效的监督和评估，所以在实际工作中还是会存在着进度落后或时断时续、工程施工滞后、推进不畅、标识系统配套设施缺失等问题。有的地方曾经对古驿道进行了一定程度的修缮，但由于配套产业和旅游开发没有跟进，所以依旧人迹罕至。再加上缺乏后期运营维护，古驿道两旁又变得杂草丛生，古道本体几乎又回复到了原来的样子。笔者在实地调研中发现，缺乏监督和评估造成的最直接影响就是"赶工期"的现象。下面以笔者于2020年在某镇现场观察的"赶工期"案例进行分析。该镇有着丰富的乡村旅游资源和历史文化遗产，但旅游配套设施相对匮乏。笔者实地调研时正值一个南粤古驿道大型节庆活动的前夕，当地希望以此为契机完善旅游配套设施，并计划将活动主会场放在新建的游客服务中心旁，打响对外宣传的知名度。在节庆活动前四天，该镇依然在赶建两层高的游客服务中心，主体建筑只是处于毛坯状态，建筑周边还是一片荒地。在四天的时间里，当地几乎日夜赶工修建游客服务中心，但还是没能赶在节庆活动开始前完工。节庆活动当天，笔者发现游客服务中心并没有对游客开放，周围的泥地没有完全铺上草皮，服务中心内的指引台和洗手间等设施也不能使用。这样的现状也大大影响了对外宣传的效果。从规划设计的角度来看，当地政府部门的活化构想是贴合实际的，通过完善旅游配套设施吸引游客，将古水道、古村落等乡村旅游资源和历史文化遗产通过服务中心的导引和介绍推介给游客。但在施工过程中，各级职能部门监督管理不严，没有明确的工作进程规划，工作责任没有落实清楚，监理机构工作缺位，导致施工进度落后，工艺质量粗糙。在三年多的实地调研中，笔者还看到有的地方政府部门在面临古驿道的大型活动前夕，加紧各项施工，完成了部分修复和改造的工作。但是在活动结束后，本应持续跟进的下一阶段活化利用工作并没有得到很好的执行，前一阶段修复改造和活化利用的成果又被遗忘和浪费了。这些现象的出现，反映出当前各级政府部门对于活化利用工作依然缺乏合理的绩效评估标准和有效的行政监督，这也导致了部分地方政府在工作中存在急功近利或缺乏合理规划的情况。

第六章　优秀传统文化资源活化利用中基层政府职能创新——基于南粤古驿道的观察

## 第三节　活化利用中政府职能践履失效的原因分析

在南粤古驿道的修复和沿线文化遗产的活化利用工作中，当前各级政府部门在职能的履行上仍然存在种种问题：如部分地区文化管理职能观念落后、履职效能低、缺乏有效的监督和评估等。这些问题也导致了地区之间活化的成效差异巨大、活化缺乏持续性、文化遗产活化利用处于政府工作中较后的顺位等现象。从结构功能主义的角度看，这些问题体现了活化工作中整合功能和模式维系功能未得到有效的发挥。

首先，整合功能需要社会共同体系统来执行。从上面的分析可以看到，清远阳山的政府部门正是因为充分整合了各种资源（包括本地的公共文化遗产、社会热心人士的捐赠和帮助以及省有关职能部门的支持等），形成了多主体合作的模式，才取得了较好的活化成效。某些地方的政府部门由于并没有很好地整合或充分加以利用各种资源，导致活化的成效与其他地区相比仍有较大的差距。

其次，模式维系功能的发挥需要政府部门发挥监督的职能，对活化工作进行引导和监督。活化缺乏持续性和缺乏活化利用意识，正体现了某些地方政府没有发挥引导和监管的职能。通过分析南粤古驿道的活化利用现状和存在的问题，我们发现问题根源更多指向政府职能践履失效上。下面将详细分析政府职能践履失效的原因。

## 一、活化利用中政府职能践履失效原因分析

### （一）政府职能角色错位令市场主体缺乏参与热情

在当前的模式中，政府部门主导着南粤古驿道的修复和沿线文化遗产的活化利用工作。这种运作模式虽然存在诸多优势，但也存在一定的制约。政府部门可以利用权力关系组织开展活化利用工作，调动相应的人力和财政资源，协调各种关系。虽然在初始阶段可以有效推动各项工作的顺利开展，短期内也可以看到一定的成效，但随着工作的进一步深入，这种模式的制约性就会逐渐显现。具言之，制约性体现在以下几方面。

首先，政府部门重视文化职能而忽视其他职能。对于政府部门来说，进行文化遗产的保护和活化利用只是其文化职能的小部分，政府还需要履行政治职

能、经济职能和社会职能等。在有限的资源和能力的条件下,不可能将过多的资源都倾斜到文化遗产活化利用这一点上。

其次,政府部门将大量资金投入了文化遗产的活化利用。文化遗产的活化利用前期需要投入大量的资金,但不能超出政府能够投入资金的限度。如果需要持续投入大量的资金,会对当地政府的财政造成较大的压力。虽然文化遗产的活化利用在未来会产生一定的经济效益,但短期内并不能迅速与政府前期的投入相平衡。

最后,当前政府的主导地位使得市场和民间资本参与热情不高。从结构功能主义视角来看,出现这一现象的原因主要是政府部门在整合功能方面的缺失。具言之,政府部门没有充分挖掘、吸引和整合其他社会主体和资源。政府能够投入的资源是有限的,但市场的资源却有着巨大的拓展空间。只有吸收更多的社会主体和市场资源参与活化工作,深入挖掘这些主体和资源的潜力,才能"驱动"活化利用工作的持续深入开展。所以,如何在加强政府监管、避免对古驿道原有自然资源和文化遗产造成破坏的前提下,进一步调动民间资本和社会组织参与活化利用的热情,通过打造平台"筑巢引凤",缓解政府投入的压力,实现"双赢"的效果,应该是政府部门需要进一步考虑的。

### (二) 活化政策的实施缺乏规范的协作和执行制度

古道保护修复和文化遗产活化利用的工作需由多个政府部门协同参与完成。因此,上级部门的管理指导与部门之间的协作执行尤为重要。有的地区由于机构改革、人事调整等方面的原因,在工作上交接不畅,这就产生了一系列管理机制和协作执行制度不够完善的问题:如在实际执行过程中会出现修复改造进度滞后等现象,甚至出于赶进度的需要边施工边设计;对于修复后的接收单位、活化利用的责任主体不够明确。从结构功能主义的视角来看,这些现象体现了政府部门在潜在模式维系功能上没有得到充分的发挥。结构功能主义理论一直试图找寻保持社会正常运行的平衡点,以达到社会结构的协调一致。为了实现这一目标,社会系统通过自身的规范和原则来引导社会成员按照系统潜在的运行模式和轨道来行动,同时也可以约束那些越轨者。[①]

因此,从结构功能主义的角度出发,要解决上述问题,就需要修复模式维系功能,重新制定和完善相应的规范和原则,加强管理和协作。地方政府部门首先需要制定出一套规范的协作执行制度和监督管理制度,整合人力资源,成立古驿道工作领导小组,明确各项任务的责任主体以及每一阶段的工作重点,

---

① 周立环:《浅谈帕森斯的结构功能主义》,《世纪桥》2015 年第 11 期,第 60 – 61 页。

第六章　优秀传统文化资源活化利用中基层政府职能创新——基于南粤古驿道的观察

设置时间节点倒排工期。各部门协同参与活化利用的一个要点就是让古驿道的修复、文化遗产的活化利用和相关配套产业的打造等能够有机结合起来，各个部门各司其职，发挥各自的特长和优势，这才是一种健康、合理、可持续发展的模式。

通过实地观察和访谈发现，活化利用成效较好的地区通常都有着一套在政府带领下的成熟、可行性高的协作制度，能够保证各项修复和活化的举措得到有效执行。例如在梅州市平远县八尺镇角坑村的案例中，八尺镇镇长 ZG 在访谈中详细介绍了当地协作的做法："八尺镇委和镇政府前期的党建工作帮助村民们树立了主人翁意识，从'要我干'转化为'我要干'，齐心协力将三清三拆的'清拆'和古驿道文化遗产资源的'活化利用'结合在一起，建设美丽角坑、红色角坑，让昔日古驿道变成发展之路。有了行之有效的协作制度后，活化利用的工作开展起来变得事半功倍。最让我们受到鼓舞的是在新农村建设中，村民们主动捐让土地者不计其数，还自发募捐出 10 余万元支持村道拓宽工程"（访谈资料 201903ZG）。此外，部分地方政府还需要更加重视与专家组的工作对接，形成有效的指导机制，充分吸收运用古驿道修复的成功经验，解决当地人员技术不足等问题。

（三）忽视文化职能与经济职能间的联系

有些地区之所以出现积极性不高、重视程度不足、进度滞后、持续性不强等现象，其中一大原因就是当地的政府部门忽视了文化职能和经济职能之间的联系，没有充分意识到履行文化职能是可以进一步带动经济职能的履行，在活化利用工作中没有算"经济收益账"的概念。这些地区的活化工作方式上更多是依赖上级政府部门的"输血式"投入，缺乏自身"造血"的功能。这种职能理念和意识上的欠缺导致这些政府部门对于活化工作的认识停留在了"付出"成本，没有延伸到"收益"。政府部门对于古道的修复保护和文化遗产的活化利用必须结合经济投入绩效来考虑，才能保持其活力和动力。

首先，政府部门要算"经济收益账"。这种做法不仅能减轻政府的负担，还能变"输血"为"造血"，从资金上提供持续开展活化利用工作的动力。政府部门从履行经济职能、提升经济收益的角度出发，实现传统文化保护与利用、旅游开发、生态环境保护等多方面的有机结合与发展，可以将政府的"输血"逐渐转变为自身的"造血"能力。政府进行前期投入，启动驿道保护和活化利用工作，打造基础设施平台。这些工作可以灵活运用各种方式方法进行开展，例如以文化研学和徒步越野为主题打造特色文化旅游精品项目、发展电商经济等。在推动文化遗产保护的同时，还可以带动当地经济的发展。乡村社会经济效益提升的成果又可以反哺当地的文化遗产保护和活化利用,同时也体现了政府的文化职能与经济职能是相辅相成的。

其次,村民也应形成成本收益观念。观念的形成有助于提升他们在活化利用工作中的积极性。当乡村还处于贫困状态时,村民需要为生计而忙碌,指望他们有很大的热情投入到当地文化遗产的保护和活化利用是不现实的。这其中的关键就是需要政府部门(特别是基层政府)帮助村民们转变观念,使他们认识到活化利用文化遗产能够带动社会经济效益和收入的提升、解决生计问题、逐步摆脱贫困的状态。为乡村社会经济的发展走出一条新路,才能提高村民们参与活化利用工作的主动性和积极性。例如,在阳山县阳城镇水口村的案例中,体现了政府部门帮助村民形成成本收益观念后的成效。基层政府正是因为帮助当地村民实现了在观念上的转变,让他们具备通过活化利用文化遗产创造经济收益的概念,才能够有效地调动起村民们参与活化利用工作的积极性。当地村民既是当地历史、文化和生活的一部分,同时也是活化利用的主要参与力量和主要受益人。基层政府部门通过文化遗产保护利用带动乡村脱贫致富,实现精准扶贫,可以增强当地村民对社区的归属感和认同感,唤起他们内心深处对家园的自豪感,增强他们建设乡村的动力,为广东提供文化自信源泉。

在活化利用工作中,文化职能和经济职能并不是矛盾或者割裂的,2018年南粤古驿道定向大赛河源站就是一个政府部门将文化职能和经济职能有机结合的活化案例。河源市连平县大湖镇毗邻粤赣古道,大湖镇通过举办定向大赛推动当地公共文化遗产的修复保护和利用。有关部门在对当地具有300多年历史的客家围龙屋何新屋进行修缮和翻新时,发掘出一批来自清朝乾隆、嘉庆、道光、咸丰四个时期的契约共计144张,对研究我国古代契约文化、人文历史等有着重要价值。大湖镇借此打造公共文化产品、举办了契约展览,让这些重见天日的契约等文物得到更多游客和外界的关注。同时,大湖镇政府以定向大赛为契机打造了古村千人晚宴的品牌。"南粤古驿道定向大赛期间,大量的外地游客和选手来到大湖镇。我们希望更好地宣传、推介大湖老区的客家美食,带动当地红色生态旅游、体育等产业的发展,所以萌生了千人宴的想法。以这次千人宴为契机,镇政府也着力改善了大湖寨的人居环境,主要拓宽了村内的道路,增设照明灯光,在田里种起了格桑花,让村容村貌焕然一新,并推广传统农家食品如客家黄酒、番薯干等。我们依托粤赣古道打造出核心旅游路线,实现了驿道活化、定向赛事、公共文化产品的打造、乡村公共环境改造、基础设施建设以及全域旅游品牌等元素的完美结合,也帮助村民实现了增收。一场千人晚宴可以获得8~10万元的收益,活动所得收益均用于支持村级公益事业和开展精准扶贫项目"(访谈资料201810DBB)。大湖镇委书记DBB在访谈中如

第六章 优秀传统文化资源活化利用中基层政府职能创新——基于南粤古驿道的观察

是介绍。据大湖镇政府公布的数据,在 2018 年 10 月份举办了定向大赛后,仅 2018 年第四季度到大湖镇观光旅游人数已超 5 万人次,带动了农产品销售、餐饮等旅游总收入突破 100 万元。

总之,通过分析活化利用工作中存在的问题及其成因,可以更好地了解政府部门当前活化利用工作和现有活化模式的利弊。研究这些问题,有助于梳理和明确政府职能创新的方向和目的,为活化工作未来的深入开展找到新的着眼点、突破点,构建创新的模式,注入可持续发展的动力。

## 二、职能践履失效分析的启示及职能创新方向的思考

### (一) 政府职能创新需求指向整合资源和角色转换

从本章中分析来看,政府职能践履失效的原因很大程度在于职能和角色错位。政府包揽了过多的职责,没能很好地协调、活化、激励社会资源形成新一轮的整合。这样的职能错位导致政府承担了过重的负担,制约了部分地区政府在监督和管理方面的有效作为。从结构功能主义的视角来看,政府职能践履失效可以看作是系统中整合功能的失效,影响了潜在模式维系功能的发挥。因此,南粤古驿道活化利用工作中政府职能改革创新需要考虑改造和加强整合功能,吸纳更多的社会主体形成多元主体合作的模式,充分挖掘整合广大的市场资源,突破当前政府部门"独力难支"的困境。

结构功能主义指出,一个社会系统要实现整体目标的最终达成必须具备将人力和物力组织起来的能力。在南粤古驿道活化利用的 AGIL 模式中,承担系统目标达成功能的社会结构主要是各级政府职能部门。南粤古驿道的活化利用工作是在广东省委、省政府的领导下,由省有关部门和地方基层政府贯彻落实执行。政府部门作为主导和主要资金投入方,通过政策支持、财政支持以及制度保障等方面推动工作。这种模式在保护和活化工作的初始阶段发挥着重要的作用,能保证相关的政策和措施得到有效的执行,也大大推动了沿线地区特别是贫困乡村在医疗、教育、卫生、环境等公共事业的发展。但沿线村庄会变得越来越依赖于这种"输血"式的投入,自己缺乏开发"造血"功能的动力。长此以往,不仅对古驿道的保护开发工作不利,还会给政府造成巨大的财政压力和行政压力。这种现象体现了在活化利用工作的这一系统中,整合的功能没有得到有效的发挥。伴随着社会体制的转型,乡村公共事业出现多元化发展的趋势。各级政府和有关职能部门进行职能创新时,需要更多考虑的是如何向市场和社会放权,重新界定政府和其他主体在活化利用工作中的角色,并对活化

利用工作的主体进行结构调整，从而使活化利用工作中的整合功能得到加强。在上述的职能创新中，政府的履职方式将从"维持型"向"服务型"和"引导型"转变。因此，应该思考如何帮助政府实现角色的转换，在吸纳多元主体参与活化的前提下，将政府职能定位从"主办"转变为管理和服务。

党的十八届五中全会上，习近平总书记首次提出"构建全民共建共享的社会治理格局"的思想。党的十九大报告提出，要打造"共建、共治、共享"的社会治理格局，加强社会治理制度建设，推动社会治理重心向基层下移，发挥社会组织作用，实现政府治理和社会调节、居民自治良性互动。这种社会治理格局可以使我国的经济社会转型更加平稳、健康，从而为到2020年全面建成小康社会、到2035年基本实现现代化打下坚实基础。在早期的乡村治理公共政策制定实施过程中，我国常采取自上而下的决策方式和治理模式，即政府为主导的"输血"式规划和治理。新时代的乡村治理应该响应"构建共建共治共享社会治理格局"要求，推动多元主体共同参与建设治理，实现城乡一体化发展。这就要求乡村的治理模式需要从以政府为主导的模式，逐渐转向在政府领导和引导下村民、村集体、规划师、涉农企业、第三方等多个主体共治的模式。通过这种共建共治共享的乡村治理新模式，在活化机制上搭建多元合作共治结构，增强乡村自身的"造血功能"，实现脱贫致富。《广东省建设文化强省规划纲要（2011—2020年）》（以下简称《纲要》）指出，"坚持全民参与，建立政府主导与社会参与相统一、多层次、多元化的文化建设管理体制，最大限度激发全社会参与文化建设热情，努力形成多方共建的强大合力"①。在新的治理模式下，政府职能的创新将会是依托多元合作共治结构，政府部门通过社会共同体系发挥整合功能，将参与活化利用多个主体的人力、物力、资金等进行整合与合理配置。

（二）以提升社会经济效益引领文化、经济职能创新

从以上的原因分析来看，政府职能践履失效还有一大原因就是缺乏成本收益观念，没有算"经济收益账"，只依赖上级部门"输血"，忽视自身"造血"。从表面上来看，这是由于部分地方政府忽视了文化职能与经济职能的联系。但从结构功能主义的角度来看，深层次的原因则是由于活化利用工作系统中的适应功能没有得到有效的发挥，导致文化职能和经济职能相割裂。在古驿道活化利用系统中，适应功能体现在活化利用工作可以通过国家的政策或者战

---

① 中共广东省委、广东省人民政府：《广东省建设文化强省规划纲要（2011—2020年）》，2010-07-23。

# 第六章 优秀传统文化资源活化利用中基层政府职能创新——基于南粤古驿道的观察

略规划（如文化强省战略和乡村振兴战略等）、配置相对应的政策环境和发展资源。通过前面分析南粤古驿道活化利用的公共性价值可以看出，在活化利用工作中政府同时履行着文化职能和经济职能。广东省力图实现的文化强省战略和乡村振兴战略，分别对应着政府的文化职能和经济职能。因此，政府职能创新需要聚焦如何帮助政府在活化利用中找到文化职能和经济职能的连接点，理顺活化利用工作与文化强省战略、乡村振兴战略三者之间的关系。政府部门通过职能创新，可以使活化利用工作从文化强省战略、乡村振兴战略等国家战略中获取更丰富的发展资源，以此实现对活化利用系统中适应功能的调整并解决当前存在的职能践履失效问题。

（1）文化强省与乡村振兴。《纲要》指出，未来要加强对重点文物、非物质文化遗产、古籍的有效保护、开发和利用，保护和发展文化遗产。[①] 对于文化遗产保护和利用的研究需要结合经济投入绩效来进行。这不仅因为经济实力是实现文化遗产保护的基础，还因为文化元素的丰富可以为经济注入强大的内生发展动力。广东省有60%的省定贫困村分布在古道周边，推动古驿道沿线文化遗产的保护和利用对于实现乡村振兴意义重大。活化利用文化遗产和修复保护古驿道是推进落实乡村振兴战略的重要手段，而在省委、省政府牵头下，地方各级政府直接推进实施的古驿道保护利用工作正体现了对乡村振兴战略的贯彻和执行。

（2）古驿道的活化利用与文化强省战略。《纲要》提出了建设文明和谐家园的论述，活化利用古驿道也体现了政府运用文化推手，实现文化的社会治理功能，提供公共产品和服务。南粤古驿道保护利用工作注重挖掘当地传统文化内涵、历史遗存和人文故事。活化利用工作从文化的角度改变了当地群众对农村的固有认识，激发了他们对家乡的自豪感，极大提升了村民的自信，这也是广东最为根本、最为重要的文化自信。简而言之，政府部门通过多种举措和方式对南粤古驿道沿线的文化遗产进行活化利用，有助于增加岭南文化的现代内涵，让传统文化得以"古为今用"，助推了文化强省战略的实施，也为文化自信构筑了坚实的基础。

（3）古驿道的活化利用与乡村振兴战略。肖宇等在探索"以道兴村"的广东模式时提出，南粤古驿道保护利用是乡村振兴战略面向实施的有力抓手。一方面，各级地方政府通过南粤古驿道修复利用等一系列工作，改善了农村人

---

① 王长在、柴娇：《南粤古驿道定向大赛与乡村文化旅游的融合发展》，《体育学刊》2018年第4期，第53-57页。

居环境,完善古驿道周边基础设施建设,为沿线地区群众打造公共生态产品,促进建设生态宜居美丽广东。另一方面,乡村振兴战略是南粤古驿道工作开展的基本保障。乡村振兴战略从制度供给、人才支撑、投入保障、规划引领等方面为现代农业农村注入强大动力,为古驿道保护利用提供坚实后盾。[①]南粤古驿道的活化利用与乡村振兴战略体现了一种共生、互相拉动的关系。一方面,对古驿道的活化利用能为偏远地区和乡村吸引了外界的关注,进而带动了乡村农产品销售、民宿等发展,帮助村民增加收入和自信,同时也改善了乡村的基础设施建设和公共卫生环境、镇村一级的交通路网,使乡村有了发展的新动力。另一方面,正是因为之前活化利用的成效从根本上改善了乡村社会经济状况,也让沿线的乡村和村民有条件、有能力对当地文化遗产的活化利用进行更大的投入,这体现了乡村振兴战略对活化利用工作的推动。

综合三者间关系的梳理可以看出,南粤古驿道的活化利用工作助推着文化强省战略的实施,而文化强省战略的实施又是贯彻乡村振兴战略的手段和助力。乡村振兴战略的贯彻落实,提高了村民的收入和自信,增强了村民文化遗产的保护和利用意识。这两方面又反哺于南粤古驿道活化利用工作,使其经历了各级政府部门的初始投入之后,不至于成为无源之水,而有进一步持续下去的动力。活化利用工作与广东省建设文化强省战略、乡村振兴战略之间,存在共生、互助以及互相拉动的关系。在结构功能主义中,执行适应功能的子系统为经济系统,而文化强省战略和乡村振兴战略之所以能"反哺"活化利用工作,正是由于这两者能够在活化工作中创造社会经济效益。因此,在研究南粤古驿道活化利用中政府职能创新时,需要从乡村社会经济发展的角度思考,以提升社会经济效益为目标,带动文化职能和经济职能的创新和拓展。

## 第四节 基层政府职能创新的对策建议

通过前文对政府职能践履失效现象的剖析,未来政府在职能创新中应注意两点。第一,应帮助政府部门提升整合资源的能力以及实现角色转换;第二,政府进行职能创新的重要目标应该是提升在活化利用中创造的社会经济效益,让文化职能和经济职能的履行有机结合。从结构功能主义的视角出发,整合资

---

[①] 肖宇、蔡穗虹、邱衍庆、张砚婷:《探索"以道兴村"的广东模式——南粤古驿道推动乡村振兴之实践》,《中国勘察设计》2018年第7期,第36-39页。

第六章　优秀传统文化资源活化利用中基层政府职能创新——基于南粤古驿道的观察

源和角色转换涉及整合功能和潜在模式维系功能的调整，以职能创新提升社会经济效益则与适应功能的调整相关联。本研究发现，部分地区的政府部门出现职能践履失效的原因在于，活化工作深入推进过程中政府在职能角色定位、职能履行和职能理念上没有相应的转变和创新，承担了过重的工作和财政压力。政府职能创新的要义在于运用合作治理理论，帮助政府简政放权，吸引多元主体参与活化工作，通过"放、管、服"的改革，实现政府职能角色和理念创新。"放"的核心是政府角色定位问题，要重新界定政府、市场、社会边界和相互关系。"管"的核心是政府管理转型问题，主要是解决政府职能缺位的问题。"服"核心是优化服务，这也是政府职能创新的出发点和落脚点。① 通过政府职能创新，使活化利用工作的社会适应、目标达成、资源整合和潜在模式维系四个系统实现功能的最大化，构建出更适宜活化利用工作均衡发展的系统环境。具体的对策建议如下。

## 一、推动服务型政府职能建设

社会系统的资源整合是整个系统能量流通的源泉，也是实现其自我再生能力和可持续发展能力的重要保证，更是实现系统目标的基础。南粤古驿道活化利用中的资源整合，主要体现在政府部门对人力、社会和环境资源的整合。要走出所面临的困局，政府部门需要转变理念、转换角色，向建设公共服务型的政府转变。政府应搭建平台，统筹协调，引导社会组织、市场进入古驿道保护和开发工作，发挥其资源整合方面的功能，通过明确部门职责分工，明确线性文化遗产保护的内容、标准、技术指南等，为开发工作提供指引。政府变成了一个"引导者"和"服务者"，提供政策性扶持，并负责计划的监督和管理，企业或市场成为主要的"参与者"，提供资金并充分考虑市场需求。最后，多个参与主体共同合力，将乡村的文化遗产保护和传承重新整合包装，推向市场。

服务职能的创新还体现在政府部门的宣传引导上。南粤古驿道沿线的大部分村镇由于分布在相对边远的地区，所以一般都处于"养在深闺人未识"的状态。这些村镇要想走出这种状态，最便捷有效的一个途径就是借助热点事件或活动。通过这些事件或活动加大媒体宣传力度、形成宣传热点，在短时间吸引

---

① 李伟娟：《党的十八大以来加快转变政府职能的新进展》，《现代交际》2019年第6期，第214页。

基层治理中的公共性建构——基于广东城乡社区的经验观察与理论阐释

大量的外界关注。这也体现了政府发挥的社会适应功能上：通过宣传和推广，为活化利用工作构建有利的舆论环境。政府部门需要在行政执行上充分发挥宣传引导的职能，才能充分达成这种做法的效果。地区的基层政府应该根据自身特点主动寻找对外宣传的热点，如结合具有地域文化特色的传统节日或农产品丰收节等，营造宣传的氛围、提升外界的关注度。

## 二、创建多元合作治理机制

前面已经提到，古驿道的活化利用单纯依靠政府的投入和参与并不现实，需要政府部门从经济投入绩效和成本收益角度来综合考虑。参与活化工作的主体结构多元化的趋向要求地方政府的职能角色创新，既可以达到活化利用的目的，也能创造经济收益，带动活化工作的持续性和当地村民参与积极性。其中，经济收益的创造者和受益者不仅是当地村民，也可以是参与其中的企业。通过产生经济收益，吸引市场、企业、当地村民等作为主体，参与活化利用工作。政府只需要在更高的层面进行指导和监管，并提供适当的政策支持。

要实现活化利用工作的效能最大化，就需要吸引最为广大的社会主体和行为体参与配合，同时需要实现对众多主体的组织、进行制度化动员。合作治理正是实现这一过程的必要工具。具体应用到南粤古驿道的活化利用中，合作治理模式既需要政府职能部门和其他参与的社会主体就活化利用的方向达成一致，加强协商交流与合作，使决策更加趋于科学、民主，也需要厘清政府与其他社会主体等所扮演的角色、承担的责任。参与的各个主体各司其职、各尽所能，才能使合作治理发挥理想的效应。

从参与主体所发挥的功能角度来看，政府的角色在未来将会有一个根本性的转变。政府的职责和功能也将有所创新，从现在的执行者转变为未来的引导者、服务者和政策的制定者。同时，政府将会发挥整合的功能，将参与活化工作的多个社会主体进行整合，合理配置资源，协调其中可能出现的矛盾。这种角色和职能的创新，体现了政府运用多元政策工具以实现自己的治理目标。多个社会主体参与活化利用工作，有助于推进基层政府职能转变，帮助政府解绑沉重的财政负担和公共事务负担。通过采用这种民营化市场机制，未来政府在古驿道保护和活化利用上的介入程度将会慢慢地由强转弱，介入机制将从之前的直接介入转为间接提供，合作方式将慢慢地转向由市场运作。转向市场机制将有利于让市场实现资源的合理配置，以更市场化的角度介入到活化利用工作中，使其在未来更具有发展潜力。古驿道是具有公共性的文化遗产，政府应通过引导、扶持和服务，推动多个社会主体对古驿道进行活化利用，才可以更大程度、更加灵活地满足沿线地区在公共服务、公共事务方面的利益诉求，为社会带来更大的公共利益。

## 三、开拓政府营销职责范围

结构功能主义认为，社会适应的功能主要是通过经济系统实现。经济系统让社会适应功能从环境中获取发展资源，政府职能创新的其中一个目标就是在活化工作中创造更大的社会经济效益。要实现这一点，政府部门职能的宽度将需要进一步调整。开拓政府的营销职能，结合当地文化元素，向外界大力营销地域特色，培育经济收益增长点。在文献研究中发现，英格兰和威尔士的地方议会也设有营销管理部门，其职责重在协调和整合，以避免各主体间工作的混乱和重复。但在南粤古驿道的活化工作中，实际情况与国外经验有所不同。由于多元主体合作治理的结构尚未成型，所以政府部门在营销职责的拓展上更侧重于利用热点营销，达到"筑巢引凤"的目的。政府发挥营销职能的主要作用是整合社会资源、吸引投资、构建市场化运作模式，搭建合规、透明的服务平台。2019年南粤古驿道定向大赛总决赛期间，广东省城乡规划设计研究院总工程师 MXM 在谈及赛事与文化遗产保护、乡村振兴发展的结合时指出："我们看到，这几年来，南粤古驿道定向大赛已经越来越像一个综合性的嘉年华。赛事以嘉年华的方式为南粤古村带去各种流量与活力，为'以道兴村'提供了大量机会，让更多阶层的人感受到古村文化的魅力，凝聚社会的力量和注意力。大赛这个平台将与古驿道相关联的文化元素、旅游元素、体育元素推向社会"（访谈资料201912MXM）。从这个层面上看，政府部门举办南粤古驿道定向大赛实际上是采取了营销手段，实现了文化职能和经济职能的融合与相互促进。前面所提到河源连平县大湖镇的做法也与之相类似，正如大湖镇委书记 DBB 所说："我们以乡村千人晚宴这个品牌和平台将文化遗产展示与活化、农产品销售以及全域旅游等方面结合在一起，吸引外界的关注。通过政府发挥引导和服务的功能，有助于培育村民的市场意识，为乡村增强自身的造血功能"（访谈资料201810DBB）。通过分析结构功能主义下古驿道活化利用工作的 AGIL 模型发现，可以进一步厘清政府营销职能的拓展。政府通过对经济系统的调整，发挥其社会适应功能，将活化工作与文化强省战略以及乡村振兴战略更加紧密地结合在一起，创建出重视社会经济效益的活化模式，获取相应的发展空间、资源和政策支持。在这种活化模式下，政府部门坚持从经济投入绩效的角度出发，将古驿道的公共文化遗产资源、特色农业等具有当地本土元素的产品整合、包装，通过政府营销的方式推向市场。未来，具体的做法还可以细分为以下两个方向。

第一，打造文化特色小镇。南粤古驿道大多分布在粤东、西、北的山区，地方政府应根据这样的地缘特点，依托古驿道本体及其沿线丰富的文化遗产和旅游资源开发一批多元主题的乡村旅游产品和文体活动。例如红色文化主题线路、海丝之路主题线路、古驿道徒步活动以及定向越野等，通过这些活动吸引游客，积聚人气。在操作模式上可以突破单一性，在政府的引导下动员民间团体、企业和当地村民等共同参与，改善基础设施建设，发展配套服务和产业，将新农村建设、人居环境整治、古民居保护与活化利用和发展乡村旅游有机结合，打造古驿道旁的特色小镇。下面以韶关市乳源县大桥镇大桥村的案例进行介绍。

2018年8月，韶关市乳源瑶族自治县大桥镇大桥村首次举办了南粤古驿道定向大赛。乳源瑶族自治县以举办体育比赛为契机，助推"以道旺县""以道兴村"，很好地推动了乳源全域旅游和乡村振兴发展。时隔一年之后，笔者借着采访2019年古驿道定向大赛的机会再访大桥镇。一年多来，大桥镇完成了部分古道本体修复，依托西京古道打造多元文化主题线路，修缮了有两百多年历史的观澜书院等一批历史文化遗址。乳源县大桥镇委书记CWZ在访谈中介绍："在没有整治环境卫生之前，大桥镇的村容村貌可以用'脏、乱、差'来形容，如村前屋后垃圾满地，臭气满巷熏。为彻底改变这一现状，镇委、镇政府按照'望得见山、看得见水、留得住乡愁'的理念，拆除了破旧泥砖房6000多平方米，修建排水排污沟渠5公里，铺设村道、巷道、街道约1.5公里，修建河堤1.2公里，绿化镇区面积1万平方米"（访谈资料201912CWZ）。伴随着新农村建设和改造，大桥镇的农村人居环境和公共卫生环境都得到了极大的改善。环境的改善带来的是农村经济收益的提升，当地在一年多的时间里已吸引了全国各地游客共计200多万人次来古道及周边景区旅游观光。"前来西京古道徒步、旅游的游客不断增多，大桥镇民宿、农家乐、餐饮店如雨后春笋般兴起，花生、豆腐、香芋、南瓜等当地特色农产品备受游客青睐。自举办定向大赛以来，当地新增民宿、农家乐、餐饮店300余家，带动了当地服务业和农副业的发展"（访谈资料201912CWZ）。

大桥镇不仅成为独具文化特色的"网红镇"，而且从社会经济收益的角度考虑，引导当地村民通过各种配套的旅游服务，实现了收入的增长。这种升级"配套服务产业"的做法，值得各地借鉴。沿着建设特色小镇的道路，大桥镇目前已经升级了温泉度假酒店等住宿配套设施，未来还可以考虑进一步开发由当地村民经营的乡村民宿等设施，融入更多的乡村元素，形成品牌性的"民宿+旅游"项目，设置更多游客体验式的活动。例如参与制作农家特色美食、儿童务农体验、健身锻炼、农活体验、捉禾花鱼等，吸引游客在乡村里能"多住一两晚"，而不是"吃一顿饭就走"。这些活化利用工作将进一步挖掘乡村发展的潜力。

第二，推动特色农产品电商经济。南粤古驿道沿线村落农副产品资源丰富，对各地区的特色农业资源进行整合的"古驿道+特色农业"领域也将大有可为。一方面，政府部门可引导沿线村落积极发展都市生态农业、农业观光采摘园、农耕文明回味园、农业养生度假园等农业新型业态，加快培育地理标识产品，促进农民增收。另一方面，政府部门还可以积极推动特色农产品的电商销售，并适当给予扶持。农产品的种植和收获具有一定的季节性特点，应该通过各种方式促进其应季的销售。举办大型文体活动吸引游客前来旅游观光，乡村群众现场销售固然能对农副产品的推广和销售有一定的帮助，但由于周期性短等原因而导致效果有限。若能结合热点事件或大型活动并配合其他渠道的宣传，推动特色农副产品的网上销售，对于乡村的农产品种植、物流等领域都会有巨大的帮助。通过激活农副产品的潜在优势资源，把这些"隐性"资源"显性"化，让资源优势转化为发展优势，从而激发农村发展的内生动力、活力。地方各级政府可以通过基础性的服务工作给予扶持，如完善县乡村物流基础设施网络，加快推进宽带网络向村庄延伸，推进提速降费，落实好减税降费政策，加快解决用地、信贷等困难。

## 四、加快监管体制机制改革

多元合作共治的活化模式能够最大限度地发挥多元参与结构的功能。在多元共治的机制下，政府部门在活化利用工作中将会进一步放权。这种"放"意味着下放政府权力、释放市场活力，而不是让活化工作"放任自流"。在合作治理的框架中，多元结构的实质是去中心化的多中心模式。这种模式将促使政府部门未来在放权的同时，需要创新和加强监管职能。从结构功能主义视角来看，这可以看作是对潜在模式维系功能的修复与完善。政府的职能履行手段也将会发生转变，由"办"向"管"过渡，由直接参与变为宏观监管。

市场体系中的企业以谋求利润最大化为目标，它们在推动古驿道活化利用为公众创造公共产品和公共利益的同时，也存在着市场失灵的风险。引入社会资金和市场机制可能会产生一些问题，如古驿道和文化遗产出现过度开发、过度商业化。同时，多个市场主体同时存在，也可能会出现竞争失控的局面等。结构功能主义认为社会系统所处的内外部环境是其是否得以保持良性运行的依据，这意味着需要打造共同认可的体系模型才能使内外部环境维持稳定。

基层治理中的公共性建构——基于广东城乡社区的经验观察与理论阐释

从南粤古驿道活化利用工作的 AGIL 模型分析来看，政府应该在规范职能的基础上同时发挥其模式维持的作用和功能，才能有效避免这些问题。政府作为引导者、监管者以及政策制定者，通过加强监管营造出一个各方认可并执行遵守的体系模型，使市场参与的行为更加规范化。在政府制定的政策中，不仅要有对参与活化利用企业的扶持性政策，还应该有相应的管制性政策。政府设定相应的管制规划和规范，指导企业参与活化利用工作。政策自上而下的执行使活化利用的发展和规划跟古驿道和周边自然生态环境的保护相协调，以多元的经营管理模式推进古驿道、古村落的发展。此外，政府还应该对这些政策有相应的评估机制，评估各种政策的效能和适当性，以确定在接下来的活化利用工作中是否继续运用或调整这些政策。

监管职能的创新还体现在阶段性上。之前对于活化利用工作的监督管理主要体现在事前的相关审批上，但对于活化工作过程和结束后的成效缺乏足够有效的监督和评估，这也是部分地区活化工作缺乏持续性开展的重要原因之一。政府部门未来监管职能的创新，需要更多地关注事中和事后的阶段。特别是对活化工作阶段性的效果评估，将为下一步工作的开展提供参考依据。

## 五、职能决策着眼大湾区布局

通过分析南粤古驿道活化利用工作的 AGIL 模型，本研究进一步任务还必须将活化利用工作与国内发展的新形势、新政策相结合，才能使社会适应和资源整合等功能最大限度地发挥和利用。因此，政府职能创新也应该着眼于国家的政策和战略。随着中共中央、国务院在 2019 年 2 月印发《粤港澳大湾区发展规划纲要》，"大湾区"成为一个热门的词汇。面对粤港澳大湾区发展的契机，政府部门在行政决策上也应该有创新的意识，职能水平和政府能力需要进一步提升。如果政府对南粤古驿道活化利用的战略布局能跟粤港澳大湾区发展政策相适应，充分整合粤港澳三地的资源，以大湾区的视野谋划未来的发展布局，古驿道的活化利用工作将能够迎来更多的机遇。

《粤港澳大湾区发展规划纲要》中提到，"坚定文化自信，共同推进中华优秀传统文化传承发展，发挥粤港澳地域相近、文脉相亲的优势，联合开展跨界重大文化遗产保护，合作举办各类文化遗产展览、展演活动，保护、宣传、利用好湾区内的文物古迹、世界文化遗产和非物质文化遗产"[①]。《广东省建设文

---

① 中共中央、国务院：《粤港澳大湾区发展规划纲要》，2019-02-18。

第六章 优秀传统文化资源活化利用中基层政府职能创新——基于南粤古驿道的观察

化强省规划纲要（2011—2020 年）》也多次提到粤港澳文化交流合作的概念，"充分利用广东独特的地缘优势和人文资源优势，坚持'走出去'与'引进来'相结合，广泛引进借鉴国外先进文化发展成果及经验"①。

粤港澳三地都汇聚了丰富的历史文化资源，广东省副省长许瑞生在2018年"世界旅游经济论坛"开幕典礼上的致辞中提到，如果能够以历史为纽带将粤港澳三地的历史文化遗产，尤其是广州城的文化遗产、珠海和中山的岐澳古道、深圳改革开放的历史遗迹、澳门的"世界遗产"建筑和历史城区、香港的文物径等，进行有效的串联沟通，将会构建成一个极富特色和历史底蕴的"粤港澳大湾区文化遗产游径"系统，共同展示三地的包容性和岭南文化特质。文化和旅游将成为粤港澳大湾区建设的重要内容和载体。放眼粤港澳大湾区的视野，谋划政府部门要实现在南粤古驿道活化中的职能创新，应该关注两个方向。

第一，大湾区背景下的文化职能创新发挥。2019 年以来，广东省重点打造粤港澳大湾区文化遗产游径、广东历史文化游径，提升大湾区文化遗产合作水平和影响力，将率先建成孙中山文化遗产游径、海上丝绸之路文化遗产游径、华侨华人文化遗产游径和古驿道文化遗产游径。结合这四条文化遗产游径，政府部门可以将南粤古驿道已发掘出的文化遗产重新进行包装和组合，推向港澳地区乃至世界。这样，南粤古驿道将与香港文物径、澳门世界遗产旧城区等联动宣传，营造出粤港澳文化遗产带的品牌效应，从而形成新的公共文化产品和旅游产品，吸引来自港澳和世界各地的游客，由此给古驿道带来更大的文化影响力，给古驿道沿线村庄带来更好的发展机遇。

第二，大湾区背景下的经济职能创新发挥。伴随着南粤古驿道品牌知名度在粤港澳大湾区内的提升，政府部门一方面发挥有效引导的作用，一方面给予相应的政策支持，逐步吸引港澳地区的投资加入古驿道的保护和开发工作中。港澳地区的投资不仅能为文化遗产的保护带来资金，减轻地方政府财政压力，同时，共同打造古驿道沿线的生态产品、旅游产品和农产品，把富有特色的农副产品如湛江徐闻的菠萝、茂名信宜的三华李、梅州平远的客家娘酒等重新包装，推向港澳乃至海外市场。这种联动既贯彻落实了粤港澳大湾区发展的相关政策，又推动了南粤古驿道沿线地区的经济协调发展。

---

① 中共广东省委、广东省人民政府：《广东省建设文化强省规划纲要（2011—2020年)》，2010 - 07 - 23。

# 第七章　公共文化空间建构的内生性障碍

目前，中国特色社会主义已经进入新时代。随着经济发展质量的不断提高，人民的生活水平也得到了显著的改善。然而，我国整体的发展还处于不平衡、不充分的状态，城乡发展差距较大，特别是乡村文化的发展还处于相对滞后的状态，既不能适应乡村经济和社会的发展要求，更不能满足农民物质文化和精神文化的需要。党的十九大报告提出了乡村振兴战略，提出要按照"产业兴旺、生态宜居、乡风文明、治理有效、生活富裕"的总要求，加快推进农业农村现代化。这是包括了经济、政治、文化、社会和生态的振兴，也是"五位一体"总体布局在农业农村的具体体现。乡村文化作为乡村振兴战略的题中应有之义，是乡村振兴的重要推手，不仅可以提高乡村社会的文明程度，更有助于推进乡村的全面振兴。这就要求我们必须正视乡村文化建设中存在的问题，并采取相应的措施加以改进。

乡村文化建设是乡村振兴的必然选择，是弘扬中华传统文化、提升文化自信的重要途径，对乡村文化进行研究具有重要的意义和价值。本章以乡村文化作为研究对象，以内生性作为研究视角，结合广东省L镇文化建设的实践对乡村文化的具体内容进行研究。通过对广东省L镇乡村文化建设的调查分析，全面了解L镇在乡村文化建设上的成效，发现深入发展还面临着文化道德规范功能弱化、传统文化发展不足、文化主体地位缺失和文化传播不畅等内生性障碍；基于调研所获取的资料，结合乡村建设理论和内生性发展理论分析乡村文化发展存在内生性障碍的原因，认为主要是受到封建文化桎梏、主流文化意识淡薄、文化传承保护不到位，以及农民认识不足、参与意识不强、创新能力不足等因素的影响；最后创造性地提出构建包括文化价值内涵、文化保障、多元管理和动力发展等系统在内的乡村文化建设路径。研究旨在于为L镇乡村文化的建设提供一些建议，为其他地区关于乡村文化建设的问题提供参考借鉴。

第七章　公共文化空间建构的内生性障碍

## 第一节　问题的提出

随着社会现代化和城市化发展进程的加快,传统乡村的社会结构逐渐发生了改变,面临着解构的处境,然而能够适应当前社会发展的新的乡村形态还暂未形成。与此同时,形成并生长于乡村社会的乡村文化,其文化体系也慢慢开始解体。由于乡村文化长期处于农耕体系之下,与城市文化有着根本性的区别,加上城乡两地之间经济发展的差距拉大,城乡文化的发展出现了严重的失衡和分化,并产生了一系列的社会问题,例如乡村边缘化、空心化和城乡二元社会等。在新的时代背景下,结合乡村政治、经济和社会制度对乡村文化进行科学合理的布局,是促进城乡文化协调发展、推动社会整体进步的重要途径,对于解决社会主要矛盾和满足人民的精神文化需求显得极其重要。乡村因其独特的自然和人文环境,创造了具有独特内涵和特征的乡村文化。乡村文化是中华传统文化的重要组成部分,也是新时代背景下实现中华民族伟大复兴最坚实的文化根基。党的十九大提出乡村振兴战略,是在现代化需求下努力解决乡村发展短板的重要举措。乡村振兴是社会主义现代化发展成色和质量的鲜明体现,乡村振兴的核心和基础是乡村文化。一切问题,由文化问题产生;一切问题,由文化问题解决①。

习近平总书记指出,中华优秀传统文化已成为中华民族的基因,植根在中国人内心,潜移默化地影响着中国人的思想方式和行为方式②。在一系列的讲话中,习近平总书记把弘扬中华优秀传统文化的价值提升到了国家战略的高度。梁漱溟先生也曾说,中国文化是以乡村为本、以乡村为重,所以中国文化的根就是在乡村③。由此可见,乡村文化对国家发展来说意义非凡。中共中央、国务院印发的《乡村振兴战略规划(2018—2022年)》,全面系统地对乡村振兴的战略布局进行了规划,并且在乡风文明的层面突出了乡村文化振兴的重要作用,强调乡村文化振兴是乡村振兴的题中应有之义,是实现乡村振兴、实现新时代条件下乡村的现代化目标的重要推手。现阶段,我国社会的主要矛盾已经发生了转变,繁荣兴盛乡村文化,不仅有利于实现乡村振兴战略,更是弘扬中华优秀传统文化的决胜一步。乡村文化的振兴成为中国社会发展的必然选择。

---

① 钱穆:《文化学大义》,台北正中书局1981年版。
② 习近平:《习近平谈治国理政》,外文出版社2014年版,第170页。
③ 梁漱溟:《梁漱溟全集》,山东人民出版社2005年版,第13页。

基层治理中的公共性建构——基于广东城乡社区的经验观察与理论阐释

乡村社会实现和谐稳定发展的重要途径之一就是进行乡村文化建设，分析和研究影响乡村文化建设的各种因素，有助于我们更好地认识乡村文化，从而科学合理地进行乡村文化建设。基于此，本章选取广东省 L 镇乡村文化作为研究对象，以乡村文化建设的内生性影响因素作为探讨的主要依据，通过对 L 镇乡村文化建设现状进行总结阐述，分析其在乡村文化建设过程中存在的内生性障碍，为解决这些问题或障碍提供一定的思考建议和优化路径。主要研究的问题是为何 L 镇的乡村文化建设存在内生性障碍以及如何优化当前乡村文化建设的路径。

## 第二节　L 镇乡村公共文化建设的内生性障碍

### 一、L 镇现状介绍

本节选择广东省 L 镇为研究对象。L 镇位于广东西部，既属于改革开放的前沿地区，又是粤西山区农业发展较好的地区。所属的县旅游文化资源丰富，作为六祖慧能的故里，六祖智慧在这里传颂，"精诚合作，齐创美满幸福生活"的精神在这里生根壮大。2018 年，L 镇入选年度"广东旅游综合竞争力十强县（市）"，在推动乡村振兴、乡村文化发展方面走在前列。L 镇在全县属于整体发展比较好的一个镇，在推动乡村现代化发展方面特色鲜明，在乡村治理上效果也非常显著。作为广东温氏食品集团有限公司的发祥地，L 镇在推动农牧产业带动乡村文化发展、企业文化融入乡风文明建设方面特色鲜明，是乡村文化建设的典型。通过对 L 镇调研，我们发现了乡村文化建设面临的困境，同时也观察到基层政府在乡村社会文化建设中成功的经验做法，对新时代乡村文化建设的路径做了初步探索。

L 镇距县城 15 公里，三茂铁路及省道 113 线贯穿全镇，全镇总面积 101 平方公里，户籍总人口约 1.6 万人，下辖 9 个村（居）委 95 条自然村。L 镇地处西北部低山丘陵区，农产稻、花生、甘蔗、大豆、蚕茧、柑、橙，林产松、杉和松脂，除此之外，还有罐头、橡胶、造纸、电器、塑料等厂。40 年来，L 镇凭借敢为天下先的勇气，闯出了一条以特色农牧产业引领三产融合发展之路。按照国家对乡村建设的总体规划，L 镇目前处于乡村振兴并逐步实现农业农村现代化的阶段。在乡村振兴的实践探索中，L 镇形成了"一轴两岸三产"发展战略。一轴引领即以省道 113 线为建设主轴，两岸同步就是河两岸行政村同步开展新农村建设,三产融合即以农牧业为引领,培育现代企业。以农业龙头企业为载体,延伸发展第二、三产业;以产业接二连三为契机,助力农牧业提质升级的发展路径,最终壮大和推进第一、二、三产业融合发展。通过环境整治、农牧场的升级改造、完善村内基础设施、挖掘人文特色、优化公共服务等措施,打造幸福宜居的特色小镇。同时,地处粤西北山区,也面临发展不平衡、不充分的问题。传统生产生活模式与现代社会的快速发展带来了贫富分配不均、社会关系结构不稳定的问题;产业融合发展过程面临大量的土地与房屋、项目与资金的融合与协调难题;乡村社会的公共性难题如环境卫生、公共服务、乡风文明、道德法制、社会参与等依然存在。

## 二、调研过程及方法

### (一)调研过程

调研小组于2018年6月底到L镇进行了一次预调研,与县编委办、L镇相关领导针对调研进行沟通。并于7月3日召开调研准备工作会议,确定调研方式、调研分工和调研内容,会后调研成员进行调研文献资料收集、调研问题梳理、调研行程安排等准备工作。经过多次与观察点协商并最终确定调研方案,调研小组于7月22日至26日到观察点进行实地调研。调研期间,调研小组分别与乡镇主要领导、各部门负责人、各村干部、村民、企业负责同志进行座谈、访谈,走访参观观察点各村及村委会建设情况。并于8月下旬和10月下旬分别开展一次小规模实地调研,再次到L镇及所辖部分村庄进行详细调研。

### (二)调研方法

主要包括座谈、访谈、实地调查、文献资料收集等实践方法。

第一,座谈法。调查小组在镇政府层面围绕"L镇社会经济发展总体情况""精神文明建设情况""乡风文明建设情况""公共文化服务情况"等中心议题开展座谈,并在镇政府、各村委会分别围绕乡村文化建设的成效、建设中存在的问题进行多次座谈,全面了解L镇乡村文化的具体情况。

第二,个别访谈法。调查小组分别访谈了镇、村干部及村民,如镇领导罗书记、村委会温支书、黄主任以及村民代表等,结合座谈掌握的综合情况,分别了解基层治理主体、对象对乡村文化的看法。

第三,实地调查法。通过实地参观了解情况,调查小组参观走访了良洞村、榄根村和永安村等。

第四,文献资料收集法。搜集党政文件、工作报告、会议记录、地方志、

基层治理中的公共性建构——基于广东城乡社区的经验观察与理论阐释

其他相关媒体资料等。在调查基础上，对调研材料进行加工制作，全面把握文化建设的内在逻辑。

## 三、L镇乡村文化建设的内生性障碍

在决胜全面建成小康社会的关键时期，在乡村振兴战略的指导下，L镇的乡村文化建设工作取得了显著的成效。但基于调研实际情况，以及访谈资料等，我们认为该镇在文化建设过程中还存在道德规范功能弱化、传统文化特色发展不足、文化主体地位缺失和文化传播不畅等内生性障碍，这些障碍限制着乡村文化的进一步发展。

### （一）乡村道德规范功能障碍

乡村文化的一个重要功能就是道德规范，通过设立乡规民约、培育乡村道德风尚来规范农民的生产生活方式和行为交往方式。现在的乡村社会，由过去的熟人社会逐渐转变成半熟人社会，甚至是陌生人社会，乡村社会的现代转型，一定程度上消解了传统道德赖以生存的社会基础。传统乡规民约逐渐失去规范作用，而新道德规范却没有植入村民思想。L镇绝大多数是外来人口，受本地传统道德规范作用比较小。新时代乡村德治更注重发挥乡贤的作用，但在实际中也不可避免存在问题。在形式上，仅有部分村路口有文化墙，重塑乡规民约，极少数村落能成立乡贤理事会，能发挥作用的更少；在数量上，与L镇潜在的乡贤力量相比，回乡做贡献的乡贤人数有限；在内容上，乐于奉献、回馈家乡、崇德向善的精神（围绕经济建设谈德治），往往面临经济效益的考量。还有一个问题就是在乡村社会道德与利益存在一定的冲突，一方面可以意识到在现在的乡村社会治理上，绝大多数人不太看重法治，德治作用也越来越有限，大部分村民主要看有没有损害自己的切身利益；另一方面，道德是乡村治理的重要基石，对乡村文化建设有着重要的意义，任何时候都不可忽视，必须建设新时代乡村德治规范。可见乡村社会中，不仅情与法的矛盾十分突出，情与利的矛盾也不可忽视。道德的规范作用逐渐弱化，如何重塑乡村的道德规范成为现代乡村文化建设的关键问题。

在与镇政府部门领导的谈话中，综合治理部门的负责人罗书记谈道："当前道德规范的作用越来越小，道德水平不够，社会风气也会越来越不好。德治是农村社会治理的灵魂，失去了道德文化的规范，有些人会为了当前的一些利益去做某些事情，这些失德的人需要群众管理。"

### (二) 乡村特色文化发展障碍

乡村传统文化资源以其独有的地域优势、景观特色以及特殊的存在方式，彰显着乡村社会的多元属性。L镇的传统文化来源主要有：一是来自六祖文化的影响，L镇地处六祖故里，深受六祖文化的熏陶，禅宗文化中的优秀基因融入群众日常生活和为人处世等方方面面；二是村民在自我管理中形成的用来规范村民行为的各种村规民约，以及长期形成的尊老敬贤、乐于奉献、风清气正、向善向上、勤劳务实等优秀的传统风气；三是作为改革开放的排头兵，在40多年的改革与开放中形成的敢闯敢拼、爱岗敬业、奋发图强的改革精神，深深滋养着当地人的品性。但这些传统文化在现代化进程中没有得到很好的传承和发展，挖掘利用程度也不太高，有可能面临被城市文化同化的风险。另外，城市经济的快速发展，使城镇化程度越来越高，新农村建设也如火如荼地开展，乡村文化公共空间遭到严重压缩。随着农民生活水平和质量的不断提升，以及乡村旅游在全县范围内的推广，历史上遗留下来的古村落、历史名宅和祭祀庙宇等大拆大改时有发生，古香古色的人文气息逐渐消弭殆尽，取而代之的是大批的整齐划一的洋楼别墅。虽然人们对古遗址有了保护意识，开始注重对古建筑、古遗迹修缮与维护，但所剩的历史遗迹寥寥无几，已经消失的终将残存在记忆里，这对传统文化的传承和发展造成了消极影响。

在访谈中，村民代表提道："我们这儿传统节日习俗有舞火龙、走大王、烧大炮等，这些是一年一度最热闹的活动，以前每年都会有很多人参加，有的在外地大老远也赶回来，现在就只剩良洞村举办舞龙舞狮活动了，其他村都没再办下去。"

### (三) 乡村文化主体地位障碍

农民是乡村文化的主体，同时也是乡村文化的承载者和建设者。实施乡村振兴战略，建设社会主义的新农村需要发挥农民的根本力量，因此，不能脱离了农民的主动性和创造力空谈乡村建设。要想检验乡村文化建设的效果，最主要看农民满意不满意，能不能被农民群众接受和认同。然而，当前L镇乡村文化建设过程中，政府部门长期占据主导的地位，建设的乡村文化主要根据政府标准而被建设成为官方文化。不管是从文化宣传的内容上看，还是从文化宣传的形式来看，基本上都是以城市文化作为参照标准来确立的，导致许多建设内容和宣传方式脱离了乡村的实际，也满足不了农民的真正需求，严重损害了农民的主体性地位，不能调动农民参与文化建设的积极性和主观能动性。农民所从事的文化娱乐活动主要是看电视、下棋、打篮球和打牌等，对传统民间文化活动的兴趣正在逐步降低。

另外，近些年进城务工的人越来越多，特别是在城市受过高等教育的农村大学生，占据外出务工人群的较大比例。他们具有较高的素质和文化水平，是完善乡村人才队伍的新鲜血液，对乡村建设能够起到重要的推动作用，本应发挥主力军的强大作用。然而，事实上有很多的大学毕业生一毕业就选择留在大城市找工作，很少有回到自己家乡工作的，就算回到了自己的家乡，也都是留到县城工作，而很少到乡镇，这就造成乡村文化建设缺少有文化和有专业技术的青年主力军。农民的整体文化素质也影响了其参与乡村文化建设的积极性和主动性，乡村文化建设主体的缺失，也从侧面印证了乡村教育的缺失、农民文化素质比较低、对文化传承保护的意识不强、参与主导能力的不足等问题。

在与镇政府领导谈话中，分管文化工作的领导谈道："我在这儿工作有十年了，我们镇有103个村民小组，50多个姓氏（不包括外嫁女），那么多个姓氏说明我们这个地方绝大多数都是外来人口，他们对待村里的事情缺少主人翁意识。比如说什么节日、什么风俗之类的，现在都很少人去庆祝，村里举办的一些活动也很少人参加，总体上文化氛围不是很浓厚。"

### （四）乡村文化发展传播障碍

乡村文化发展和传播在文化建设中具有重要意义。现代网络技术的飞速发展，在很大程度上拓宽了农民的视野，使得村里本来建有的乡村文化站、公共文化楼、图书室等利用不足，在网络时代下顿时黯然失色，例如每个村都有建设一个公共文化楼，目的是作为乡村的第三空间，用来组织丰富多彩的公共活动，到如今演变成村里红白喜事的举办场地，除了举办红白事，平时公共文化楼都闲置着，很少有人进去活动。同样，虽然大多数的乡村都建有图书室，但很少有农民进去看书，并且由于缺乏购书经费，图书陈旧不能及时更新，难以在乡村形成看书看报的氛围。农民的娱乐方式大都转向了私人领域。近几年风靡全国的广场舞活动，参与者大多以中老年人为主，年轻人的娱乐方式通过手机、电脑、网络就能实现，在他们看来，网上的内容远比参加村里的活动更加有意思。由于缺乏专业的管理人员与团队，再加上文艺活动举办所需的场地不足，以及活动经费紧张，导致文艺活动数量日益下降。基层文艺下乡演出的数量也出现了萎缩的现象，在演出内容上远远不能满足已经具有现代意识的农民的精神文化需求。公共文化服务脱离大众化的需求特性，严重影响了乡村文化宣传的时效性和广泛性，久而久之，便会产生所谓的"文化代沟"，乡土氛围的感染力和影响力也会随之下降。

在访谈过程中，村民反映了类似的情况："我们村有一个公共图书室，是2008年扶贫的时候搞起来的，很少增加新书，也没有专人管理，都是村委会代管。村民平时很少会去看书，要么在忙农活，没农活的时候就出去打工。"

## 第三节　L镇乡村公共文化建设的内生性障碍分析

随着现代化进程的不断推进，广东省的乡村文化建设和乡村发展取得了巨大的成绩，而且呈现出了较好的发展态势。然而，L镇在乡村文化建设过程中存在一定的内生性问题，减缓了乡村文化建设与发展的速度，与农民精神文化需求之间也还存在很大差距，因此对影响乡村文化发展的因素进行探讨，就显得尤为重要。基于访谈资料内容，结合乡村建设理论和内生性发展理论，本研究探讨的问题是L镇乡村文化出现的内生性问题及原因分析，并认为L镇在乡村文化建设中存在文化道德规范功能弱化、传统文化发展不足，文化主体地位缺失和文化传播不畅等内生性障碍，主要是受到封建文化桎梏、主流文化意识淡薄、文化传承保护不到位、农民认识不足、参与意识不强以及创新能力不足等因素的影响。

### 一、内生性障碍的分析框架

基于内生性障碍这一概念，结合乡村建设理论和内生性发展理论，本节对L镇乡村文化建设过程中存在的内生性问题及原因进行了分析。

首先，乡村文化建设过程中的内生性障碍，是存在于乡村文化体系内部的，是影响甚至阻碍乡村文化进一步发展的内在问题，这些问题对乡村文化的发展起着决定性的作用。内生性障碍既是本节分析的主要概念，也是本节研究乡村文化的一个视角，分析乡村文化的内生性问题，就是对文化主体的实践、文化与社会的互动以及传统文化内部所体现出来的文化属性等方面内容进行研究。因此，我们总结出乡村文化内生性障碍特征有：一是在乡村地域范围形成的存在于乡村文化体系之中的内在因素；二是对乡村文化发展影响深远，甚至起决定性作用；三是涉及的问题是文化主体、传统文化属性以及文化互动等方面。

其次，对内生性障碍的分析主要运用乡村建设理论和内生性发展理论。其中，乡村建设理论提出中国社会是以乡村为基础，并以乡村为主体，要想解决政治经济问题，必须走乡村建设的道路。此外，该理论还认为乡村建设的根本是培养农民的自觉意识，鼓励农民自觉接受教育，并积极投入乡村建设中。因此，该理论关于解决农民、农村问题的阐述，特别是注重培养农民自我发展能力、开展乡村民众教育等问题,对于分析乡村文化内生性问题具有重要的指导意义。而内生性发展是一种"自我导向"的发展过程,该理论认为要想实现乡村资源、环境、教育和素质水平的综合提高,实现乡村文化的发展,其动力来自乡村内部,特别是农民的主动性与创造力,并强调地区的发展以当地人为主体,注重培养当地发展能力,保护传统文化资源以及保持文化的属性等。以往"输入式"乡村文化建设理念忽视了乡村内部因素的作用,导致建设中出现各种内生性问题,阻碍乡村文化的进一步发展,而内生性发展理论正是从内部因素分析能够实现发展的动力,因此,这对于乡村文化建设的内生性问题同样具有解释力。

最后,对乡村建设理论和内生性发展理论的观点进行归纳总结,可以看出影响乡村文化建设的内生性因素主要分为文化建设的内容、文化特性、文化建设的主体以及文化发展能力等方面,再结合内生性障碍的内涵特征,概括出内生性障碍的分析要点,主要包括:第一,乡村文化建设内容不断推陈出新、适应农民现实需要;第二,保持传统文化特色和属性,培育内部生长能力;第三,发挥农民主体地位的作用,使他们积极参与文化建设中;第四,培养乡村文化的创新发展能力。接下来,我们将通过对搜集的文献资料进行整理,结合具体的访谈内容,对L镇乡村文化建设的内生性障碍展开具体的分析。

## 二、内生性障碍的原因分析

### (一) 封建文化桎梏和主流文化意识淡薄

2000年联合国和平文化国际会议发表了《马德里宣言》,该宣言基于四项"新合同"系统地提出了内生性发展理论的思想内容,提倡新的文化合同,鼓励发展先进文化和主流文化,抵制落后文化。因此,乡村文化建设就一定要破除封建落后的思想,使文化内容不断推陈出新,适应时代的现实需要。当前L镇文化建设存在的内生性障碍主要原因之一就是封建文化禁锢和主流文化意识淡薄。

封建文化禁锢农民的思想。在部分自然村,空巢老人、留守儿童人群改变现状的意愿不高,加之封建迷信思想长期在农村存在,使得这种现象有增无减,占据一定的市场。封建思想长期存在于农村,对农村社会和农民的影响根深蒂固,并不能在短时间内彻底解决。由于农民的知识文化水平处于较低的层次,在乡村逢年过节时,拜佛烧香、求签占卜的农民还很多,他们通过这些封建迷信的方式寻求对未来的预知。这些都严重影响了乡风,阻碍了现代科学文

# 第七章 公共文化空间建构的内生性障碍

化的正常传播。

主流文化意识淡薄。由于没有对社会主义核心价值观进行有效的宣传和践行，没有有效地解决长期存在的不良风气，导致乡村社会出现主流文化意识比较淡薄的现象。在乡村，还有一部分农民群众深受封建专制制度遗留下来的封建文化残余的影响，传统社会里保守迷信和因循守旧的封建思想还依然存在，因而缺乏对民主科学思想为基础的主流文化的认同。例如，长期以来存在的重男轻女、读书无用、大操大办等问题，还有占卜算命、烧香磕头和遇事求神拜佛等消极思想，以及频频发生的各种不文明现象。再者，价值取向、道德观念的错位，崇尚金钱至上、唯利是图，毫不关心社会政治，严重缺乏爱国主义、集体主义的观念，个人主义和利己主义盛行，都反映了当前乡村文化建设过程中还存在一些阻碍因素。只信封建迷信思想而不信科学，对主流文化的抵制，大大阻碍了乡村文化建设的进程。

在与村民访谈中，一位村民谈道："我们这儿庙宇很多，有盘龙庙、榄港庙等，里面供奉着大王和观音，村子里的老人们无论遇到好或不好的事情，都会去庙里烧香拜神，祈求保佑顺利，也有去祈求发丁发财的。"

## （二）传统文化资源传承保护不到位

内生性发展理论提倡注重培养当地的发展能力，认为在发展中要保护传统文化资源，保持文化的多样性和独立性。宫本宪一在对内生性发展内容进行阐述时，把当地的文化、产业和技术作为经济发展的基础，认为必须在环保的框架内进行合理开发。鹤见和子也认为内生性发展要遵循本地的文化传统。结合理论分析，我们认为L镇文化建设中存在的传统文化发展不足的障碍，主要是前期文化资源遭到严重地破坏，而当地对传统文化资源的保护不到位造成的。

其一，乡村生产生活方式的改变限制了传统文化的生存空间。传统节日、风俗习惯、古村落和乡土古建筑等文化资源，是能直接体现乡土文化特色的精神载体和物质载体，也是保护和传承乡村特色与风貌、提升乡村形象与内涵的基础所在①。乡村文化深受传统文化的影响，直到辛亥革命胜利推翻了两千多年的封建制度，之后很长一段时间对传统文化进行批判和否定，改革开放后，传统文化离我们越来越久远。城镇化的布局，使追求现代经济和现代生活成为社会主流，一些古村落、古遗迹和古建筑被拆的拆、改建的改建，相应地，传统文化节日、传统风俗习惯等活动也失去了生存的空间。传统的历史遗迹和古

---

① 卢渊、李颖、宋攀：《乡土文化在"美丽乡村"建设中的保护与传承》，《西北农林科技大学学报（社会科学版）》2016年第3期。

迹是一次性的，如果不能好好保护，一旦摧毁就永远不会再生，而且农民生产生活方式的转变，导致民间艺术慢慢被丢弃，与传统节日、风俗习惯相关的民间戏曲和其他文艺表演形式逐渐淡出人们的视线，传统的生产生活工具和艺术品也逐渐消失。传承观念的变化也影响着传统文化的传承发展。在现代化进程中，地缘关系、血缘关系等的影响逐渐变弱，乡村传统文化也越来越得不到重视。在与现代文化的碰撞交流中，各种新思想和新观念不断涌现，传统文化的发展空间越来越小，文化传承的方式也发生了改变，不再是古代社会的言传身教、单线传承、家族内传绝不外传。在现代乡村社会，很多年轻人对于这些传统技艺不感兴趣，传统技艺的传承发展面临无人继承的困境，有的甚至面临消失的危险。

在访谈中，镇政府相关领导谈到了目前传统文化的传承问题："现在大家沟通娱乐的方式变了，村民主要的文化娱乐活动就是在家看电视、打牌、玩手机等，参加这些传统节日活动的积极性没以前那么高了，特别是年轻人对这些习俗文化没什么兴趣，更别提去传承了。"

其二，乡村文化保护传承人才流失。对于乡村传统文化的保护需要的是素质高、专业强的文化人才队伍，尽管近些年镇政府对人才的培养十分重视，也实施了很多引进人才的政策措施，但由于受到城乡二元结构的影响，乡村社会的人才精英不断地涌向城市，从事乡村文化工作的人才少之又少。乡村文化保护和传承人才不足与缺位主要受到两方面因素的影响，一是缺乏文化方面的专业人才，很多传统文化的保护涉及诸多方面的专业知识，需要兼具文化学、建筑学、历史学等基础理论知识，而乡村这种复合型人才极度缺乏。二是乡村文化专职人员整体水平都不高，更别说乡镇文化工作人员，他们大都没有从事文化站本职工作，一般都是借调人员并且身兼数职，一边处理乡镇的行政事务，一边负责乡镇文化工作，很难把全部精力都用在开展文化工作上。再加上乡镇工作人员的工资水平缺乏竞争力，使一部分文化专职人员主动提出调离岗位，也在一定程度上造成了人才的流失。

在访谈过程中，文化站负责人李站长谈到当前人员状况："村里的年轻人都外出打工了，文化素质高的、学历高点的人确实难找，很多大学生一毕业就留在城市工作，也有一部分回来留在县城工作的，到乡镇工作的很少……当前文化工作还缺专门的管理人才，像我们基层工作人员大多都身兼数职，我除了负责文化到村里挂点之外，还有其他的工作。"

此外，村委会的温支书也反映："总体来说，人才外流现象多，人才难回来。就拿我们招电脑员或书记助理来说，我们一共往上报了两个，大中专学历，结果一个人都没有来。哪个村都没有大学生回来工作，人家发展好的在外面创业，或者直接进了大企业。"

（三）农民认识不足和参与意识不强

乡村建设理论强调乡村建设的目的就是建设中国，在建设中要"以人为本""民族参与"，认为乡村建设的根本是培养农民的自觉意识，鼓励农民积极参与到乡村建设的伟大工程中。L镇乡村文化建设中存在的农民主体地位缺失的障碍，与农民缺乏自觉意识有关，可以从农民认识不足和参与意识不强角度来分析。

一方面是农民对自身主体地位的认识不足。农民作为乡村文化最主要和最可靠的力量，要让他们有意愿积极参与文化建设当中，中央一号文件也强调在开展乡村工作时不仅要充分尊重农民的意愿，还要切实发挥好农民在乡村振兴中的主体作用①。但在现实生活中，由于农民长期生活在乡村社会，受自给自足的小农经济影响较大，普遍具有保守特性和封闭特性。加上我国农村教育一直以来落后于城市，许多农民受教育的程度大大低于城市人群，造成他们文化层次偏低，对于新鲜事物的接受程度没有城市居民的接受程度高，例如对现代化的科学技术、多媒体等使用能力不足。大多数农民追求的是物质享受，缺乏接受新技能的途径和方式，缺乏对于文化建设的正确认知，也缺乏及时准确了解相关文化发展的政策措施的渠道，错误地认为文化建设和治理与自己无关，自己只是一个被动接受的角色，只做好自己本职工作就行了，在心里不免对文化产生抵触情绪和消极应对的思想。很大一部分农民对乡村文化的作用一直存在着狭隘的认知。在他们看来，文化是虚的，文化建设的效果看不见又摸不着，发展经济比发展文化效果更快，更能立竿见影，起到实实在在的作用。因此对于国家推行文化建设工程、基层政府组织文化宣传和活动等，在他们看来都是一些无关紧要的事情，导致乡村活动很难组织起来，更难以激发农民参与的热情。

另一方面是基层干部对农民主体地位认识缺失。基层部门长期把精力投入在地区经济发展和社会秩序维护上，而忽视了对农民思想的引导，存在对国家文化政策和文化内容宣传不够到位、对农民的教育指导不到位的问题，因此很难调动农民参与乡村文化建设。新时期，随着乡村经济发展，农民的物质生活水平有了极大的提高，开始越来越关注精神文化生活，产生了多种多样的文化需求，基层政府在文化建设规划中缺少创新意识，为了突出工作业绩而过多关

---

① 新华社：《中共中央国务院关于实施乡村振兴战略的意见》，《中华人民共和国国务院公报》2018年第5期。

注面子工程，没有实际把农民的主体性放在首位，很多文化内容不符合大众的需求，严重脱离了农民实际生活，损害了农民群众的权利和利益，从而使农民抵触甚至轻视文化建设。

（四）乡村文化创新能力不足

乡村建设理论认为乡村建设就是要创造新文化，救活旧农村，启发农民自愿接受文化教育，对先进科学技术进行普及，提高乡村创新的能力。内生性发展理论也提出发挥乡村内部的生长能力，培养乡村文化的发展创新能力。可见创新对乡村文化发展的重要意义。L镇乡村文化在传播中的障碍也是创新能力不足造成的，由于缺乏对文化内容和传播形式进行创新的能力，加上重视程度也不够，乡村建设的文化不能满足农民的实际需求。

一是乡村文化创新能力不足。乡村文化要想实现自我超越，就必须在传承和发展过程中不断深化农民对传统文化的认同，提高他们参与文化活动的自愿性和积极性，还需要运用创新思维，引起农村参与文化的兴趣和信心，将乡村社会"送"文化局面转变为"创"文化局面。但是在现实的乡村，由于政府建设文化的思维方式欠妥，政府对乡村文化的财政经费支出不足，使乡村文化建设缺乏保障，严重影响了文化的创新和发展。多年来，乡村文化一直受政府的管理，农民对自身没有一个正确的认知，认为乡村文化的建设和自己没有关系，慢慢习惯了政府"送"来的文化，导致他们无心发掘乡村文化内部的价值和意义，也逐渐丧失了为文化创新而锐意进取的能力。而进行乡村文化建设离不开农民，如何激发他们文化创作的热情，调动他们文化建设的积极性，是乡村文化创新发展的关键。

在与李站长交流时，他也谈到了目前文化创作的局面："平时村里主要有上级的送戏下乡、送电影下乡等活动，村民比较少去进行文艺创作和才艺表演活动，他们更习惯于直接接受的方式。"

二是对文化创新重视程度不够。乡村文化建设的关键问题就是提升文化创新的动力。当前乡村社会对文化创新关注度还不是很高，对乡村文化建设事业的投入力度不足，主要表现在文化建设在乡村整体建设中的占比远远低于经济、社会等其他方面，即使随着经济的发展，乡村文化事业支出经费总量有所增加，但占乡村整体支出的比例却没有较大的增长。部分村集体经济收入欠缺使乡村文化基础设施数量有限，对于文化建设来说，没有这些保障，会造成相当一部分农村地区现有文化基础设施十分的陈旧落后，例如公共文化室、农家书屋、村民活动广场等，没有另外去购买新书和报纸等，长时间闲置没有得到充分利用，造成文化资源浪费。

第七章 公共文化空间建构的内生性障碍

在村委会的访谈中，任主任提道："每个村都有文化室，榄根村的文化室是近十年才建成的，可以用来看电影、看图书、办红白喜事等，但一般红白喜事的使用程度高，除此之外就没举办过啥休闲娱乐活动，还有人笑称文化室没文化。"

与此同时，创新能力不足还与农民受教育的程度有关。文化发展的内在动力在于创新，而创新的内在动力在于教育。乡村教育问题常受制于财政投入、师资经费等因素，资金的缺乏会导致乡村教育功能缺失，从而使农民越来越不熟悉文化的特色内涵，在无形中造成自己精神家园逐渐瓦解，失去了文化创新的基础。除此之外，传统社会的观念与现代社会的理性思维之间还存在着互相矛盾的关系，现代的教育理念使得农民接受的关于乡村文化开发与创新的知识极其有限，造成乡村文化的创新进程发展缓慢。

## 第四节　现代乡村公共文化建设的优化路径

中国特色社会主义已经进入新时代，社会政治、经济、文化和生态等事业都进入了新的发展阶段。十九大报告明确表示乡村振兴不能离开文化振兴，乡村文化是乡村建设的重要内容之一，没有文化建设的乡村，就会失去生机和活力，就不是一个真正的现代乡村。新时代背景下，经过对物质基础的支持和发展建设的反思之后，需要我们更加清楚地了解当前乡村文化的发展现状，更加理性地认识当务之急是文化振兴，通过乡村文化的发展来推动乡村社会进步迫在眉睫。因此，社会主义现代化需要振兴乡村文化为农业的现代化提供智力支持，为农村的现代化奠定坚实的文化基础，为农民的现代化提供不竭的精神动力。

### 一、坚持乡村公共文化建设的基本原则

《乡村振兴战略规划（2018—2022）》提出了实施乡村振兴战略必须坚持的基本原则，而乡村文化振兴作为乡村振兴的重中之重，其核心和基本原则也必须建立在乡村发展的基础之上。

（1）坚持农民主体的原则。即在进行乡村文化建设时必须坚持农民的主体性地位，这不仅是乡村文化振兴的基本要求，也是乡村文化振兴的起点和立足点。一直以来，文化都被当成宣传的工具和手段，农民按照政府的意愿和要求遵守文化秩序，始终没有太多的主动权。现如今生活水平提高了，农民的精神

文化需求也呈现出多元和多变的趋势，为切实保障农民的基本文化权益，必须坚持农民为本的理念和原则。

（2）坚持乡村本位的原则。由于不同乡村的文化背景和地域条件存在很大的差异，因此在建设乡村文化时要实事求是，从乡村的实际情况中寻求发展的方向，因地制宜地建设乡村文化。要做好乡村文化的归属工作，并保留那些能突出地域性的文化特征，既要使特色的乡村文化和文化资源得到保留和传承，又要实现对传统的思想观念的自我超越，牢牢地把握住社会主义先进文化的前进方向，构建社会主义核心价值体系，使文化发展不断地适应日益变化的社会发展，保证乡村文化的有效性和功能性。

（3）坚持大众化的原则。满足广大人民群众的精神文化需求是发展文化的主要目的之一，文化发展可以促进社会和谐，文化建设也是服务于人的。因此，乡村文化的发展和传播要充分适应乡村社会的现状，既要抓住农民的心理特征和职业特点，又要适应农民群体的需求；既要继承和发扬优秀的传统文化，又要不断推陈出新，创造出贴合农民实际生活的文化，采取喜闻乐见的大众化的方式发展乡村文化。并鼓励农民参与文化建设，发挥农民在文化创作过程中的积极性和创造力，坚持乡村文化参与和发展的大众化原则。

## 二、正确处理好相互之间的关系

### （一）处理好乡村经济与乡村文化的关系

乡村是兼具生产、生活、文化、生态等多重功能的地域综合体，各方面发展都要协同并进，不能忽略任何一方。因此，要正确处理好乡村经济、政治、文化、社会和生态文明间的关系，尤其要处理好乡村经济与乡村文化的关系。改革开放以来，乡村文化虽然取得了一定的发展，但从总体来看，目前还存在教育落后、知识贫乏、主流文化意识淡薄、发展不平衡不匹配等问题，有些地区为了追求经济的发展，在以经济主导政策的引领下，一直以来增加对经济建设的经费支出，减少对文化建设的费用支出。对于国家文化方面的政策措施，并未严格执行，收到的效果也常常与国家的初衷南辕北辙，致使传统文化遗产没有引起足够的重视与保护。

经济基础决定上层建筑，上层建筑对经济基础具有反作用。文化建设和经济发展是相互影响、相互促进的关系，不能片面追求经济发展而忽略文化建设。乡村文化既可以促进乡村经济的发展，又可以增强乡村经济发展的后劲。此外，文化产业的发展，可以促进乡村产业经济的进步与发展。如果乡村文化与乡村经济发展的关系没有正确处理好,那么乡村经济的发展将失去精神文化的支持,最终不利于乡村振兴。

(二)处理好传统文化与文化建设的关系

中国特色社会主义文化传承和发展了中华民族优秀的传统文化,是一种兼收并蓄、健康向上的文化形态。现阶段,我们既要推动社会主义文化的大发展大繁荣,也要实现新农村建设这一目标。所以要正确处理传统文化与文化建设二者之间的关系。当前的乡村文化是在传统文化的基础上,经过一代又一代的居住在乡村的农民进行生产生活、相互交往等形式传承发展而来的,是一种大众文化、通俗文化,与农民具有天然的联系,更容易被农民所接受。因而在实施乡村振兴战略时,要不断推进新农村建设,更要重视继承和发扬乡村优秀的传统文化,突出传统特色文化在文化建设中的优势地位。

乡村传统文化中也存在一些对文化建设产生破坏和阻碍作用的因素,对于传统文化,要取其精华、去其糟粕。对于那些封建迷信、消极主观的传统文化,要坚决抵制、自觉摒弃;对于那些教人向善、积极向上的优秀传统文化,要努力继承并发扬光大。同时传统文化中的宗教文化和民间信仰也要区别对待,不能一概而论,要主动注入新的活力到宗教文化和民俗文化之中,不断推陈出新,推动传统文化与社会主义社会相适应,与新农村建设和新时代乡村振兴相适应。

(三)处理好城市文化与乡村文化的关系

随着现代化进程的不断推进,农业乡村的衰败与工业城市的兴盛似乎演化成为一种历史的必然,乡村社会发展呈现为一种"文明型的落后"。乡村公共文化产品服务和基础设施与农民实际需求不匹配,乡村教育需求同农民的实际要求存在较大差距,乡村文化教育和教育资源的缺失、教育水平的落后,以及随着物质水平的提高,越来越多的乡村人在城市定居,都在不同程度上加速了乡村文化特征的消失。城市与乡村地域之间存在较大的差异,城市居民与乡村农民在生活方式、道德情感、价值观念和理想追求等方面有很大不同。从文化体系来看,中国城市的现代化不会出现类似于西方的以城市文化取代乡村文化的发展格局,在建设乡村文化时,需要将传统文化、城市文化、西方文化以及其他不同的文化融合在一起,不断取长补短,从而促进不同文化之间的和谐发展与协调进步。

由于经济发展,农民观念的转变,越来越多的农民进入城市务工,长期受到城市文化的影响,其思维方式和价值理想等发生了一定的转变,加上乡村经济发展,生活物质水平的提高,乡村文化主体的需求呈现出多元性和多变性。

因此，在文化建设过程中，既要丰富乡村文化的内容和传播形式，还要把握传统乡村文化与现代城市文化之间的创新和传播关系。在文化发展中，现代城市文化要善于吸取乡村文化中的积极因子，反之，乡村文化要借鉴城镇文化的现代因素，在追求发展的同时保持自身的独立性。

## 三、现代乡村公共文化建设的优化路径

路径依赖理论认为人类社会技术的演进和制度的变迁都具有惯性，即一旦进入某一路径就有可能产生依赖。文化属于社会意识形态，具有相对继承性，对原有的文化基础、社会环境也比较依赖。乡村文化建设的路径可以分内生性路径和嵌入型路径。所谓内生性路径，即在基层政府推动、乡村经济发展、农民主体参与、基础设施建设等要素共同作用下，在乡村社会内部实现带有本土特色的文化建设的路径。反之，在乡村各种要素共同作用下，将城镇文化引入乡村社会并服务于乡村社会的就是嵌入型路径，这种路径更多体现的是将城镇文化嵌入农村社会生活，并非强制性灌输，例如当前的"文化下乡"政策。因此，本书主要从乡村文化建设的内生性路径这个角度出发，提出现代乡村文化建设的优化对策。

### （一）构建乡村文化价值内涵系统

乡村文化的价值内涵是乡村文化建设的核心和灵魂，也是乡村文化治理系统中深层次的方面，一般通过农民的生产生活方式、价值观念、信仰追求和文化素养等因素表现出来。无论是解决乡村文化变迁中的矛盾与冲突，还是解决乡村文化治理的困境与障碍，都必须重视现代乡村价值系统的构建。

#### 1. 以社会主义核心价值观为导向

在多元文化交流融合的时代背景下，我国农民的价值标准、思维取向和现实选择都变得多样化，乡村的主流价值在很大程度上面临着解构和异化的风险。作为全社会的思想和价值标准，社会主义核心价值观的内涵和价值取向对于乡村的社会治理具有非常重要的指导意义。构建新时代乡村文化价值系统，必须加强社会主义核心价值观的导向作用，使乡村文化不仅能够汲取优秀传统文化的精神滋养，还能在践行和培育方式上提供一定的道德约束。

构建以社会主义核心价值观为导向的现代乡村文化价值系统，首先要夯实现实基础。乡村文化价值的精神，就像空气一样无时不在、无处不在，围绕在以乡村为地域的范围之内，也时时刻刻渗透于农民的农业生产和日常生活之中。因此，通过大力发展农业，提高乡村经济水平和农民的物质生活水平，保

障农民在享受到物质生活满足的同时，有条件、有能力感受到乡村文化的重要意义。其次，要肃清乡村文化价值的发展环境，将培育社会主义核心价值观与弘扬乡风文明结合起来，摒弃低俗落后的文化，发扬传承诚信友善、相邻和睦、勤劳勇敢、尊老爱幼等优秀传统文化，使农民的价值取向、行为方式符合乡村社会的整体要求，争做优秀传统文化的传播者和先行者。最后，要推进乡村文化价值内涵乡土化，融于乡土，贴近农民生活，渗透到农民的言行举止当中，引导农民自觉参与文化建设，增强农民对乡村文化的认同感和归属感。

**2. 重塑乡村文化价值认同**

乡村文化价值的实现，最主要取决于人们的认同程度。文化认同，指的是个体对于所属文化和文化群体内部产生归属感，而获得、保持与创新自身文化的社会心理过程[①]。重塑价值认同是实现乡村文化发展的内在、关键且深刻的重要举措，不仅要对乡村文化进行有区别的保存、整合和提升，以获得其自身发展的独特价值，还要加强城乡文化的交流互动，实现自我认同和社会认同的统一。

首先，重塑现代乡村文化的价值内涵。城市化进程的不断推进，改变了乡村的社会结构和社会阶层，也开启了现代化乡村的建设历程[②]。家庭联产承包责任制重塑了农民主体人格，充分地调动了广大农民的积极性，进一步推动和激励农民创新，使他们的文化素养和思维方式都发生巨大的变化，极大地塑造了农民的现代化主体性，丰富了农民主体性的内涵，也给农村带来了生机与活力，农村涌现出一批具有开放和创新意识，善于经营管理又懂得科技的现代农民。再加上"民工潮"使农民的乡土意识发生了转变，农民背井离乡，直接承受着现代城市文明的洗礼，长期的城市生活改变了他们的价值观念。因此，要重新塑造以社会主义核心价值观为一元主导，其他乡村文化价值思想并存的文化价值观，并在乡村现代化的建设实践中重塑能被人们普遍认同的行为准则和价值取向。

其次，弘扬优秀的乡村规范文化。乡村规范文化沉淀下来的文化精华，对重塑文化价值认同具有积极意义。积极发扬尊老敬老的精神，发挥村庄"五老"（老干部、老党员、老教师、老军人、老模范）的带头示范作用，利用尊老敬贤、乡贤治乡的传统文化规范治理社会。充分发挥乡村有影响力的贤人对社会管理的作用力，建立乡贤理事会，鼓励他们参与乡村公益事业、解决乡邻

---

① 陈世联：《文化认同、文化和谐与社会和谐》，《西南民族大学学报（人文社科版）》2006年第3期。

② 赵霞：《乡村文化的秩序转型与价值重建》，河北人民出版社2013年版。

基层治理中的公共性建构——基于广东城乡社区的经验观察与理论阐释

矛盾、维护乡村社会秩序等事务。组建起村民理事会，并由村民理事会牵头编制村落公约。积极吸收农村风俗中的"老规矩""老办法"和"老习惯"，突出村民自我教育、自我管理、自我服务，在村和社区组织编写乡规民约、村歌、村史、村民荣誉榜等，让传统道德融入村民的自觉行为中，促进优秀乡村规范文化在各村落地生根。

### 3. 传统性和现代性的有机融合

乡村文化是中华优秀传统文化的重要组成部分，是一个国家具有内部地域特色的文化表现形式，包含着传统性和现代性双重文化因子，传统性是乡村文化赖以生存的重要根基。乡村社会不仅仅只是一个地理空间的范畴，也是一个包含了文化传统、历史维度以及社会记忆的复杂场域①。现代性给乡村文化带来巨大冲击的同时，又为其提供了发展壮大的良好契机。在进行乡村文化建设过程中，要注重协调两者的关系，不仅需要整合与重构乡村文化资源，发挥农民的首创精神，而且需要转变思维观念，重新认识乡村文化发展的现实意义。

对于乡村文化的传统性，我们需要保护好世世代代传承下来的文化根基，在挖掘开发中遵循传统文化的生态属性，传承带有地域特色的文化价值，使其独特内容能够被广泛认可和接受，多样化的形式能够被有效辨识；对于乡村文化的现代性，乡村文化要适应现代市场化的社会环境，要以发展文化产业为依托，并不断突破地域的局限性，将对于文化的需求转化为经济动能，让更多的人感受到乡村文化的魅力。采用大众喜闻乐见的方式传达符合现代生活价值理念的内容，更好地满足大众休闲、消费和审美的需求，使乡村文化在保持自身乡土特色和独立性的同时，增添现代气息的韵味。

乡村振兴战略背景下，推动乡村文化传统性和现代性的有机融合，是推动乡村文化振兴的重要举措，也是乡村文化融入现代社会的长效驱动，有利于实现乡村文化的大发展大繁荣。

### （二）构建乡村文化保障系统

#### 1. 健全法制保障体系

完善的法律法规和体制机制是乡村文化传承发展的重要保障。虽然我国法律中有记录关于破坏文化遗产应承担的法律责任，但范围都过于宽泛，对于发挥乡村文化的保护作用十分有限。因此必须制定和完善各项规定，优化文化政策，为乡村文化的治理创造一个稳定的社会环境。

---

① 段小虎、闫小斌、荆皓：《从"农村文化建设"到"乡村文化振兴"——研究维度与思维模式的转变》，《图书馆》2018年第9期。

第一,加强文化立法。我国历史悠久,文化源远流长,从历史上传承下来的文化遗产种类繁多,单靠现有的法律法规无法顾及文化遗产的方方面面,这就需要制定与文化保护相匹配的法律条文细则,完善法律体系,在文化保护法案基础上,各地区也应尽快制定出相关法规。第二,加大法制宣传教育。各级政府要加大乡村普法工作,可以通过开展法制文化教育宣传讲座、开展法制文化知识竞赛或成立专门的法律援助中心等培养农民的法制意识和思维。第三,加强执法力度。文化遗产越来越受到重视,但也面临大型拆件、盲目开发和过度商业化的现象,严重破坏了传统文化的生存环境。加强文化执法力度,对于建设项目,要依法审批获得相关征求意见,并进行保护措施后再实施。第四,加强文化监督体制。建立有效的监督制度,及时有效地掌握各种动态和信息,对于违法破坏文化资源的,要依法处理,充分发挥广大农民群众的监督作用,结合广播、电视和网络等舆论媒体的宣传和监督作用,开通线上和线下举报渠道,营造人人参与乡村文化资源保护的良好氛围。第五,建立考评机制。把乡村传统文化的保护性工作纳入党政干部的政绩考核和奖惩体系之中,促使各级领导干部树立正确的政绩观,不断调整工作重心,自觉树立文化保护意识。

### 2. 保护乡村文化资源合理开发利用

乡村文化资源作为乡村独特的精神财富的集合,彰显了乡村文化深厚的底蕴。文化资源有物质文化资源和非物质文化资源,乡村文化资源则在形态上可以分为有形的乡村景观和无形的民风民俗,二者共同打造乡村的文化风貌。

对于乡村文化资源的开发,要遵循保护为主、抢修为辅的原则,不断完善乡村文化资源评估和保障体系,达到合理开发利用的效果,使文化资源的历史价值、艺术价值和教育价值等不断地被推广,而不仅仅局限于挖掘它的经济价值。整体把握乡村文化的脉络,依据地域特色文化,形成科学化、合理化的产业布局,避免重复开发引起的资源浪费。在开发乡村文化资源的过程中,要具体问题具体分析,针对不同的文化资源、不同村落的自然和人文特征实施不同的开发策略。例如,传统手工艺、戏曲杂技和风俗活动等,适合进行市场化开发,如果不及时采取措施开发这些传统,可能会导致文化手艺渐渐失传;而对于一些历史遗迹、古建筑等,要尊重文化的原真性,如果大肆开发进行现代化的改造,就会失去原本的历史和艺术价值,盲目地利用只会使乡村文化丧失吸引力,导致其缺乏市场影响力。

### 3. 发展乡村公共教育事业

首先,继续普及乡村基础教育。青年的素质教育决定着中国的未来,因此应通过抓牢青少年基础教育来提高乡村劳动者的素质。一方面,加大普及义务教育力度,推行素质教育。新农村建设,必须坚持基础教育优先发展政策,改变乡村传统的教育观念，基层政府还要加强对乡村教育的经费投入，完善扩大先进现代教学设备的使用，引进优秀的教学资源，采用创新教学的模式，巩固九年义务教育的质量和效果；另一方面，不断提高乡村教师队伍的整体素质。鼓励教师不断进行在职进修，促进城乡教师之间针对教学工作的交流与沟通，实现优质教学资源共享。转变教师教育理念、能力和角色，树立教育教学创新意识。

其次，加强专业文化人才的教育。乡村文化建设需要专业化的文化人才，他们是文化活动的组织者和推动者，是文化建设的主要动力。第一，要培养乡村文化骨干，充分挖掘乡村文化的人才资源，组织他们到专业院校进行学习和培训，提高他们文化创新的能力和综合业务能力。第二，要发挥民间艺人创作的积极性。民间艺人是乡村传统文化的创造者，他们一直生活在乡村，创作的灵感也都来源于乡村，作品十分贴近农民的生活实际。第三，要建立专业的乡村文化队伍。培养一批扎根乡村、乐于奉献的具有专业素养的文化队伍，加大社会对先进文化工作者事迹的宣传和荣誉表彰。

最后，加强乡村职业技术教育。乡村地区存在未成年过早离校，初高中毕业就务工务农的现象，而初高中课程大多都是基础知识的教育，缺少乡村农业生产知识，因此需要建立与乡村相适应的教育教学体系，结合实际情况在乡村教育中加入职业教育内容，采用知识下乡、给农民定向培训等方式引导农民学习理论知识。建立职业技术教育培训的专门体系，全方位地提高成人教育的职业水平和职业素养，从而推动乡村文化的发展。

### （三）构建乡村文化多元管理系统

#### 1. 发挥农民主体作用

乡村文化的建设和治理只有吸纳广大农民群众参与其中，才能取得有效的保护和传承。发挥农民的主体性作用，强化他们主体参与意识，保证他们充分享有发言权和决定权。因此，要不断提高农民的文化自觉，尊重农民的主体地位，发挥农民的主体作用。

第一，提高农民的文化自觉。乡村振兴战略中，乡村文化的保护和传承是一项惠及当代、造福后代的重要工作，所以要提高农民的文化自觉意识，不断增强农民对于传统文化的认同感和保护意识。现在的农民不再继续守着"一亩三分地"过日子，而是大量涌入城市务工，特别是青年农民，比较容易受到城市文化的吸引，导致很多农村青年离开生活了几十年的乡村，不再关心村里的文化建设，传统的乡土文化情结对他们的牵绊也越来越少。因此，建设乡村文化必须提高农民的文化自觉性。

第二,尊重农民的主体地位。我们党始终坚持发展依靠人民、发展为了人民的发展观,始终把农民放在乡村发展的核心位置,把农民的利益放在首位。在建设乡村文化的进程中,要充分考虑农民满意不满意、高兴不高兴和答应不答应的诉求,解决农民的现实困惑,提高农民的主人翁意识,让农民愿意并主动把建设家乡当成自己的事去做。农民自我地位的提升,既可以加强农民自身的文明素养和文化道德素养,又能够发挥自己在乡村文化建设中的力量,推动乡村经济发展。

第三,调动农民的主体性作用。乡村文化建设是一项影响深远的工作,在建设和治理过程中充分考虑广大农民群众,采取措施调动农民的主体性,通过建设文化活动和文化场地,引导农民树立正确的文化导向;通过移风易俗、建设乡风文明,帮助农民树立正确的伦理价值观念;注重培养农民互助合作的精神,激发他们的创新能力,从根本上维护农民的切身利益;建立健全农民自主参与机制,提高农民参与乡村文化活动的意识,在一定程度上给予农民相对的乡村文化管理的权力,让农民意识到自己在乡村文化建设过程中的主体性地位,激发乡村文化创新的活力。

### 2. 优化基层党员干部队伍

第一,加强乡村党员干部队伍建设。乡村文化振兴过程中要坚定党员干部文化队伍建设,建立一支优质高效的乡村党员干部队伍,为开展乡村文化治理工作奠定坚实的管理基础。一是要拓宽乡村党组织书记的竞选和培养的范围,通过公务员选调生考试、大学生村官考试和三支一扶等类型的考试,选拔一批有较高的文化水平并具有创新思维的优秀人才到乡村中,担任一定的职务,参与乡村文化建设和治理,不断丰富乡村干部人才储备库。二是严格把控党员"准入门槛",乡村社会在发展党员时,党支部应严格把关,充分考虑申请人员的文化素养、思想道德素养和能力素养等,尽量培养那些年轻的、高素质的返乡创业人员、退伍人员和乡村道德模范等,将这类群体作为重点发展对象。三是强化党员干部的服务意识。在乡村文化建设过程中,对于那些服务意识强的、开展工作好的党员干部给予表扬,发挥他们的模范带头作用;对于群众工作开展不好的、示范作用不到位的党员干部严肃处理。

第二,提升基层党员干部文化工作的素养。乡村党员干部在乡村文化工作中起着规划和引导的作用,对乡村振兴发展有着深远的影响。加强对党员干部的教育和培训,提升基层党员文化工作的能力,是优化当前乡村文化管理队伍工作的重中之重。充分利用各地的文化教育资源和技能培训资源,利用现代化的电子信息技术,在乡村开展远程网络课堂,利用"学习强国"等手机软件为学习载体,提升领导干部的业务能力。同时党员干部要积极学习先进的乡村社治理方法，借鉴其他地方优秀的治理案例和经验做法，相互交流、不断总结。

### 3. 完善新乡贤德治功能

营造良好的文化环境，引导精英人才回归乡里，助力乡村振兴，是发展乡贤治村模式的根本目的。培育乡贤文化，促进乡风文明建设，既要将乡贤汇集起来，全面整合新乡贤的各种资源，还要把乡贤的文化汇聚起来。

完善乡村文化德治内容，营造崇德尚贤的良好文化氛围。德治是乡村治理的一种方式，主要通过道德规范和乡规民约等方式进行治理。在乡村文化治理中还存在一些难以解决的问题，例如社会原有的道德价值体系遭受严重冲击，享乐主义、拜金主义和极端功利主义在乡村社会兴起，不利于乡村文化的治理，就需要通过良好的道德规范，转变乡村的社会风气，实现乡风文明建设目标。提升乡村德治水平，需要深入挖掘蕴含在熟人社会的道德规范，创新出适合时代需要的乡村德治规范，并不断加强道德的教化功能。德治具有引领示范作用，不仅可以极大地改善乡村社会的风气，还能提升农民的自我修养，引导乡村文化治理健康发展。乡贤文化是德治的重要文化资源，在中国特色社会主义新时代，充分挖掘新乡贤资源。通过乡贤的嘉言懿行垂范乡里、涵育乡风；通过传颂优秀的乡贤事迹，培育现代新乡贤，发挥新乡贤的道德引领作用。

完善新乡贤回归的保障措施，谨防回归中的异化行为。目前，新乡贤参与乡村社会治理还没有制定相关的法律规范。因此，新乡贤参与乡村文化建设尚无相应的法律依据，在具体实施中容易产生不合法的行为。随着"三农"问题越来越受到重视，国家给予乡村很多资金和技术上的支持，为乡贤回归提供了有力的保障。除此之外，要制定与之配套的政策措施，制定适宜当地乡贤返乡参与乡村治理的一系列政策，出台促进乡贤返乡的相关政策，利用资金、技术、用地等方面的扶持，激励农民返乡创业，激励新乡贤携带资本回归。完善新乡贤参与乡村治理的法律制度，使其有法可依，为其提供发挥作用的平台，创新政府治理与村民自治的良性互动。但也不要忽略乡贤回归包含着异化隐性逻辑，有些乡贤回归后容易走入歧途。因此，在引入乡贤参与乡村管理的过程中，不仅要倡导和鼓励各乡贤的"义举"，还要积极预防乡贤成为乡霸，成为家族或者宗派势力的代言人，谨防乡贤以德代法、以名取利，不断强化乡贤依法依规参与乡村管理的能力。

### （四）构建乡村文化动力系统

#### 1. 建立健全乡村文化产业

文化作为一种重要的资源，逐渐成为各国经济发展新的增长点，在国际综合国力竞争中发挥的作用越来越大。乡村有着丰富的文化资源，乡村文化是中華傳統文化的重要組成部分，在開發利用過程中需要制定有關政策，采取必要的措施加以保護，促進資源優勢向產業優勢轉化。挖掘和弘揚鄉村特色農業文化、民俗文化和旅遊文化，打造品牌化的經營模式。

第一，打造特色農業文化品牌。農業文化具有重要的價值，把農業文化打造成為品牌文化，是推動鄉村文化產業發展的重要途徑。因此，要不斷促進文化的產業化經營與農業文化的結合，使傳統文化經過包裝、加工、生產以及銷售等環節後，形成特色文化產品的生產鏈，以文化產業促進當地經濟的發展。在對傳統文化加以保護的同時，地方政府部門還應該具有長遠意識，善於創造和抓住文化發展的機遇，促進農業與文化的"聯姻"。以鄉村文化的文學和歷史價值，促進農業文化與產業文化的經營融合，打造具有鄉村特色的文化發展產業鏈。

第二，打造特色民間文化品牌。鄉村是民間文化的起源地，民間文化資源種類繁多，能滿足人的不同的物質需求和不同的文化需求。發展民間文化品牌，將民俗文化包裝成民俗文化產品，不僅傳承和弘揚了民間傳統文化，還能帶動鄉村社會經濟發展。將鄉村文化的每個文化產品進行多層次的系列開發，使每個村都形成具有自己特色和自己品牌的發展態勢。還要充分發揮鄉村集體優勢，占領文化產業市場，贏取市場份額。

第三，打造特色旅遊文化品牌。鄉村文化旅遊具有豐富多彩的形式，以充滿樂趣的鄉村體驗活動和歷史文化的沉澱滿足了遊客的消費需求。鄉村獨特的自然風景，對於長期居住在這裡的農民來說很平淡，沒有新穎之處，但對於長期居住在鋼筋水泥建造的大樓里的城里人來說，卻是充滿趣味、休閒度假的好去處。發展鄉村特色的生態旅遊，就是要科學合理地挖掘鄉村文化資源的底蘊，通過保護原有的生態環境和現有的古建築等，促進鄉村文化與旅遊業的融合，形成具有鄉村特色的旅遊產業鏈。

### 2. 拓展鄉村文化的傳播渠道

文化與科技密不可分，文化的進步離不開科技的發展。傳統鄉村的文化傳播方式具有很大的時空局限性，傳播方式主要是通過人的口口相傳。現在，隨著經濟的發展和科技的發達，鄉村文化的發展空間得到了很大程度上的拓展。網絡以其成本低、影響大等優勢成為有效傳播文化資源的新途徑，成為加快鄉村發展、實現鄉村特色文化資源共享的新渠道，采取以互聯網為載體的鄉村文化傳播形式，成為推動鄉村文化創新發展的必要手段。

鄉村文化的傳播在借助傳統公共平台的牽引力的同時，還可以組織開展以鄉村文化為主題的系列活動，鼓勵廣大農民群眾參與到文化作品的創造中去，以創新性的方式製作農民喜聞樂見的戲曲、喜劇和歌曲等，堅持以鄉村傳統文化为背景、以乡村的生产生活实践为创作内容、以农民的内源性视角作为传播方式,构建乡村文化大众化、生活化的布局。除此之外,应充分利用"互联网+"的技术优势发挥新媒体的作用,通过搭建互联网技术、数字技术和移动终端技术,开发形式多元的新媒体宣传平台,从经济、文化和生态这几个方面整体对乡村文化进行宣传。例如借助微信公众号和新浪微博平台发布乡村文化推送文章或视频资源;也可以利用网络直播平台对乡村文化资源、文化活动和旅游风景等进行现场直播,让广大网民能够快速地了解到乡村文化的具体情况,实时参与文化互动的话题;还可以利用现代3D技术,开展"云参观""云旅游"等活动,让网民直观感受到乡村美景和乡土风情等。

# 第八章 研究结论与若干思考

社区是与群众沟通最紧密、最基层的组织，社区工作看似平凡，却承担着重要的管理责任，是社会稳定发展的重要基础及保障。前述章节阐述了古今自治组织、社区专业化队伍、公共文化建构、村民理事会自治组织、公众民主参与等内容，并赋予这些内容当代广东省城乡社区公共性建构的内涵和特征，涉及主体、机制、动力、场域等。通过前述章节的深入细致的经验研究和理论阐释，我们得出如下研究结论和政策反思。

## 第一节 研究结论

党的十九大以来，"五位一体"布局下社会建设致力于打造共建共治共享的社会治理格局，其中一个重要目的就是提升人民群众的获得感和幸福感。费孝通先生认为："社区建设的目的之一就是要建设一个基于中国优秀文化传统之上的守望相助、尊老爱幼、知理立德的现代文明社会。"① 近年来，城市化步伐不断加快，社区在发展中受到行政的过多干预，加之市场经济的发展带来的功利化影响，导致社区共同体在发展中遇到诸多阻碍。"个体在理性行动上追求利益最大化的同时，在内心却又充满了对温情、交流与沟通的追求与向往。这是现代境域下，现代城市人内心涌动的一种情绪和需求，也是培育共同体意识，孕育认同感、归属感和身份感的人性源泉。"② 尽管以地域为基础形成的社区共同体受到各类因素的影响，逐渐出现社区脱域问题，但是随着现代社会的

---

① 费孝通：《居民自治：中国城市社区建设的新目标》，《江海学刊（南京）》2002年第3期。
② 陈宗章：《城市社区"共同体意识"的现代性解构及其重建》，《理论导刊》2010年第3期。

快速发展，居民希望能够获得较强的归属感，这为社区共同体的建立和发展提供了有效支持。

秦汉基层组织"里"是中国基层自治组织的源头，中国传统礼治下的孝文化、邻里互助等思想投射在秦汉里治中，对维护当时的社会稳定起到了重要的作用，这些传统正能量在基层治理中的作用是值得我们借鉴、传承和创新的。

通过营造社区礼治氛围，构建社区睦邻文化，推动社区共同体的建设，能够加强社区居民之间的沟通交流，拉近彼此之间的距离，让居民在社区获得归属感，推动了社区认同的建立。引导鼓励居民参加各类社区活动，激发社区活力，使社区成为居民的精神家园。这些都为社区自组织的形成和发展提供了重要基础，而自组织的发展是社区营造中最为关键的一环。

当今社区的治理过程中依然存在许多问题，一方面是国内在开展体制改革工作时遇到诸多阻碍，政府和社区缺少明确的界线，当前的社区管理格局存在缺陷，政府发挥着主导作用，社区缺少自治管理能力，社区工作者作为社区工作的执行者和管理者，同时被赋予了重要的公共管理责任，对其素质的要求也将更高。为此，建设一支优秀的社区工作者队伍是提高社区服务水平的重要基础，对于辖区群众、政府以及国家都具有重大的意义。目前，惠州市 X 街道越来越重视对社区工作者队伍的高质量建设，并在队伍建设方面采取了一些积极措施，但仍然存在社区工作者工作职能不明晰、缺乏专业型人才、缺乏完善的激励机制、缺乏科学的绩效考评机制等方面的不足。随着城镇化的进程不断推进，社会各方面的发展不断进步，人民群众对社区管理及服务的要求必定也会越来越高，需求也越来越多样化。X 街道在社区工作者队伍高质量建设方面也需紧跟时代发展的步伐，不断提升社区工作者队伍的服务水平，为社区的稳定发展提供坚强有力的保障。

乡村振兴是一项系统而全面的工程，要实现乡村的产业、人才、文化、生态和组织的振兴。实施乡村振兴战略，人才是关键，组织是重要抓手。目前我国倡导的社会治理理念需要社会协同和公众参与，乡村治理同样需要社会协同治理，需要培育和发展基层社会组织，需要社会组织在广袤的农村地区和广大的农民群体中营造公共性，利用基层社会组织的力量组织起个体化的农民，使其发挥主体作用，组织起新乡贤群体，使其发挥示范引领作用。

20 世纪 80 年代村民自治制度的实行，开启了乡政村治的新型基层政治生态的格局。乡镇政府成为最基层国家政权，村民委员会以村民自治为工作重心，代表村民利益自我管理村庄事务，这种乡村的互动是极具中国特色的政治现象，也构成了利益博弈较为均衡的政治生态关系。村民作为自治的主体，其政治参与行为成为检验村民自治制度实行情况的最有效方式，也是决定基层民主建设能否顺利推进的关键。当前我国正处于社会转型期，一方面，村民的参与意识显著增强，参与形式和途径呈现多样化，村民的政治参与有了史无前例的发展空间；但另一方面，村民对政治参与的要求不断扩大与制度供给和设计的不完善构成了新的矛盾点，干群关系也因为阶层利益的严重分化而变得更加紧张，村民的政治参与现状出现了不少的问题和困境，因此乡政村治模式仍需要不断进行调整和优化，村民自治制度必须进一步得到落实，以满足村民的政治参与需求。

乡村文化是中华优秀传统文化的重要组成部分，是中华民族核心价值观的重要资源，乡村文化建设与发展关乎社会主义文化建设的整体布局，也成为乡村振兴战略中不可忽视的环节。广东地区作为乡村社会治理典范，在推进特色乡村文化发展、建设美丽宜居乡村、实现乡村振兴等方面走在前列。主要做法包括弘扬乡贤奉献的精神，鼓励乡贤回馈村庄文化建设；立足传统优秀文化，营造和谐的社会风尚；聚焦历史文化资源，培育特色文化旅游产业；培育企业文化，并将其融入文明乡风建设和示范村打造中，等等，这些经验成果对于其他地区乡村文化建设都是十分宝贵的，具有重要的参考价值。

## 第二节　对广东城乡社区公共性建构的若干政策反思

### 一、社区工作者队伍专业化建设任重道远

通过调研及深入分析，X街道社区工作者队伍高质量建设存在问题的原因在于：一是县、街两级对社区管理存在认识的偏差及误区，认为社区是街道办的下级机构，与社区工作者的关系是"上级与下属"的关系，越来越多的行政化工作下沉到社区；二是县、街两级经济基础薄弱，对社区管理财政投入少，即每年仅投入较少的工作经费用于项目工程，而对于社区的建设以及社区工作者队伍的建设更是少之又少；三是社区工作者进出机制不合理及发展渠道受限，社区工作者主要通过社区选聘或者选举产生，未通过考试，同时缺乏横向及纵向的发展渠道；四是缺乏对社区工作者的继续教育及专业培训。可以从以下四个方面进行改善：一是完善社区管理模式，主要从创新社区管理模式、提升管理效能、整合社区资源、加强党建作用、强化社区服务、推动居民自治等方面进行完善；二是优化社区工作者队伍结构，即科学制定三类人员的准入、退出制度，制定社区工作者队伍结构战略规划，优化社区工作者绩效考评机

制；三是加强对社区工作者的教育与培训，通过制定社区工作者教育成长计划、加强配备师资力量、丰富社区工作者教学培训模式来科学有效地对社区工作者进行培训与教育；四是制定社区工作者激励机制，主要是通过完善社区工作者薪酬体系、建立社区工作者晋升渠道及营造良好的环境等措施来完善社区工作者激励机制。

## 二、新型社区治理体系亟须推进

在城乡基层社区治理实践中，社区公共意识不足、个体化的发展导致个人主义盛行，对传统的城市社区伦理道德和公共精神形成挑战，无论是在社区凝聚力抑或公共关怀上都有所缺失。

社区治理要想发挥积极作用，必须增强自身管理能力，发挥应有功能，社区治理既要发挥各子系统的功能，从而形成系统间稳定的互动模式，还需要培育共同的文化价值观念。文化能够为治理体系的建构提供重要支持，可以推动社区的建设和发展。要改善社区的"原子化"和"碎片化"，除了要发挥社区自组织的功能外，还要重视社区的文化治理功能，寻求社区文化治理的行动路径，推动社区营造的发展。

"里"可以视为我国历史上最早的"社区"形态，秦汉的里拥有强大的行政和自治功能，囊括了户籍管理、赋税徭役、治安管理、组织生产、传播教化等内容，而秦汉的里在治理过程中所蕴含的礼治思想、互助思想、伦理教化思想等都是中国传统文化的宝贵资源，对于秦汉的里治产生了很大的影响力。通过儒家礼治思想的渗透，宗族对乡里的救济，里民们自发组成的互助组织"单"，乡里精英三老、父老、孝悌力田潜移默化的教化导向，对秦汉时期的基层社会稳定、小农经济的发展起到了重要的作用，体现了教化与惩治相结合、德治与法治相结合的社会治理模式，为后世的基层治理提供了文化层面的良好借鉴。里所拥有的凝聚力和认同感正是现在社区所缺乏的，里内各方力量都在积极投身于里的自治，共同营造和谐的里内生活，这些都是当代社区治理所需要改善的路径与方向。

## 三、社区自治组织的内生职责尚需拓展

各地因地制宜培育和发展的村民理事会符合我国的乡村治理实践，可以激发村民的内生治理动力，可以吸纳新乡贤群体参与乡村治理事务。有学者认为，村民理事会构建的这种公共性与传统时期的宗族型公共性相似，有宗族势

力管理乡村的历史开倒车嫌疑。其实不然，目前我国的乡村社会与传统的乡村社会不同，现代化的文明与民主的理念已深入人心，利用村民理事会建构公共性是使传统的自治资源得到现代化的一种表达，是进行乡村有效治理的一种尝试和手段。目前各地在对能否成立村民理事会进行探索的同时，也存在一些地方不考虑实际盲目推广的情况。由于村民理事会在云浮和清远某些示范村取得了很好的效果，因此目前两个市全市推广建立村民理事会。2014年，清远市已培育自然村村民理事会达8203个，基本实现全市全覆盖。村民理事会的建立和村庄人口、乡贤资源甚至是村内家族关系都有着密切的关联，不考虑每个村的实际情况建立村民理事会，容易出现"一刀切"现象。

目前清远市有些村庄的村民理事会形同虚设，难以动员起村民的内生治理力量。贺雪峰在《最后一公里村庄》中依据村庄经济社会发展程度以及村庄的团结程度将中国村庄分为六种类型，① 广东省有经济社会发展程度高的团结型村庄，例如珠三角地区的一些村庄，也有经济社会发展程度低的团结型村庄，清远市就属于这一类型的村庄。比较贺雪峰的村庄类型和村民理事会发展较好的地区，可以得出：在经济社会分化程度高的团结型村庄，发展村民理事会的社会基础好，容易产生较好的效果，例如浙江上虞和浙江德清。在经济社会分化程度较低的团结型村庄，村民理事会可以促进当地经济的发展，例如在广东清远市。目前全国针对农村方面的试点改革还有发展集体经济等试点工作。我国地域辽阔，每个农村的情况都大不相同，要想取得良好的治理效果，不能全国上下一盘棋，需要因地制宜，结合各地实践开展探索试点工作。我国农业农村部在2019年推广了全国首批20个乡村治理典型案例，2020年介绍了第二批34个典型案例。这些案例的治理形式多样，有的是以强化党建引领，有的是引导多元主体参与共治，有的是创新基层治理方式，利用协商共治解决冲突等，这些经验可推广可学习，但是更多的是给各地政府在基层治理方面一定的启发，各地应该因地制宜，立足本地区实践创新基层治理的模式。

## 四、传统文化资源活化利用中基层政府职能需要转化

从2016年起，对南粤古驿道及其沿线公共文化遗产的保护、挖掘和活化利用，地方基层政府部门履行了文化、经济和社会职能，为沿线地区带来了一定的公共利益，促进了乡村振兴战略的实施，改善了沿线贫困地区的乡村基础

---

① 贺雪峰：《最后一公里村庄》，中信出版社2017年版，第13页。

基层治理中的公共性建构——基于广东城乡社区的经验观察与理论阐释

设施建设、人居环境、卫生条件、交通路网建设。伴随着活化利用工作进入新的阶段、有了新的目标，政府职能践履的现有模式已经难以适应活化工作未来发展的需求。因此，亟须对政府职能进行创新性研究，从而解决政府部门当前职能践履失效的问题，为活化利用未来的发展和模式创新注入新的动力。

南粤古驿道等公共文化活化利用工作中基层政府职能改革创新，需要考虑改造和加强整合功能，吸纳更多的社会主体形成多元主体合作的模式，充分挖掘整合广大的市场资源，突破当前基层政府部门"独力难支"的困境。在早期的乡村治理公共政策制定实施过程中，我国常采取自上而下的决策方式和治理模式，即政府为主导的"输血"式规划和治理。新时代的乡村治理应该响应"构建共建共治共享社会治理格局"要求，推动多元主体共同参与建设治理，实现城乡一体化发展。这就要求乡村的治理模式需要从以政府为主导的模式，逐渐转向在政府领导和引导下村民、村集体、规划师、涉农企业、第三方等多个主体共治的模式。通过这种共建共治共享的乡村治理新模式，在活化机制上搭建多元合作共治结构，增强乡村自身的"造血功能"，实现脱贫致富。在新的治理模式下，政府职能的创新将会是依托多元合作共治结构，政府部门通过社会共同体系统发挥整合功能，将参与活化利用多个主体的人力、物力、资金等进行整合与合理配置。

## 五、乡村公共文化建设内生性障碍仍需突破

本书通过实地调查研究，与乡镇政府、村委干部和村民等进行访谈，获取了详细的资料，并结合乡村建设理论和内生性发展理论，分析当前L镇乡村文化建设还存在包括道德规范功能弱化、传统特色文化发展不足、文化主体地位缺失和文化传播障碍等问题，认为主要是受到传统文化桎梏、主流文化意识淡薄、传统文化资源保护不到位、农民认识不足、参与意识不强和乡村文化创新能力不足等因素的影响，提出了现代乡村文化建设的优化路径。首先，应该坚持乡村文化建设的基本原则：以农民为主体，以乡村为本位，建设大众化的乡村文化；其次，要正确处理好乡村经济与文化、传统保护与现代建设、城市文化与乡村文化之间的矛盾关系；最后，在分析L镇乡村文化建设的内生性障碍和原因的基础上，提出构建包括文化价值内涵、文化保障、多元管理和动力发展等系统在内的乡村文化建设的优化路径。

总而言之，要实现社区治理结构的现代化，需要丰富治理的主体，使得社区治理结构中的各要素都得以协调发展。通过发挥社区自治的能动性，加强社区文化建设，寻找社区能人，发动一切可以发动的力量，畅通参与自治渠道，

完善社区自治机制,推动社区营造的形成,丰富社区公共性的内涵,才能实现构建幸福、和谐城乡社区的目标。

# 附　　录

## 附录1　惠州市X街道社区工作者队伍高质量建设调查问卷

社区工作者队伍是社区建设的重要组成部分,为了造就一支结构合理、素质优良的社区工作者队伍,我们特开展本次问卷调查。请您根据自己的真实情况,认真客观如实填写。感谢您的支持!

1. 您的性别是(　　)
   A. 男　　　　　　B. 女
2. 您的年龄是(　　)
   A. 30岁以下　　B. 31～40岁　　C. 41～50岁　　D. 51岁以上
3. 您的全日制最高学历为(　　)
   A. 初中及以下　B. 高中/中专　　C. 大专　　　　D. 本科
4. 您的全日制最高学历为(　　)
   A. 大专　　　　B. 本科　　　　　C. 研究生
5. 您的专业是(　　)
   A. 社会学类　　B. 专业技术类　　C. 管理学类　　D. 其他或者没有
6. 您的社区工作年限是(　　)
   A. 5年以下　　　B. 6～10年　　　C. 11～20年　　D. 21年以上
7. 您的政治面貌是(　　)
   A. 群众　　　　B. 团员　　　　　C. 中共党员　　D. 其他
8. 您的职位是(　　)
   A. 社区居民委员会委员　　　　　B. 社区党支部支委委员
   C. 社区党支部书记、主任　　　　D. 合同工、临聘人员
9. 您考取的职称证书有（多选）(　　)

A. 助理社会工作师 B. 社会工作师
C. 高级社会工作师 D. 其他 E. 无证书

10. 您认为现在的工作强度(　　)
A. 较小　　B. 适中　　C. 较大　　D. 过重

11. 您认为现在的能力对工作的胜任程度(　　)
A. 完全能胜任 B. 基本胜任
C. 有压力，需要培训才可以胜任 D. 不能胜任

12. 您认为目前的社区工作是否匹配社区工作者工作职能(　　)
A. 符合　　B. 基本符合　　C. 基本不符合　　D. 完全不符合

13. 您参加培训的次数为(　　)
A. 仅有岗前培训一次 B. 每年 1 次 C. 每年 2 - 5 次
D. 每年 5 次以上 E. 从来没有

14. 您认为激励机制需要完善的方面有（多选）(　　)
A. 薪酬　　B. 发展渠道　　C. 培训机制　　D. 其他

15. 您认为您的工作(　　)
A. 没有前景　　B. 不确定　　C. 比较有前景　　D. 很有前景

16. 您有离职的计划吗(　　)
A. 没有想过，不确定是否会离开 B. 不会离开
C. 正在计划中 D. 一定会离开，社区工作只是跳板

17. 您对社区工作者队伍高质量建设有何建议？

# 附录2 与惠州市X街道H社区书记、文书访谈记录

**笔者：** 你们好！非常感谢两位在百忙之中抽出时间接受访谈。朱书记，您在我们X街道那么多个社区书记里最富有经验，曾在街道办担任城建办主任，又在多个社区担任过书记，人人称您为金牌书记。所以，我认为找您访谈是非常正确的。目前的社区工作千头万绪，上面千条线，下面一根针，请问您是怎么看这个问题的？

**朱书记：** 近年来，社区的工作确实越来越多，也越来越杂，不单只涉及居民生活的各个方面，更是承接了党和政府的各项方针、政策及工作任务。从配合政府做好禁毒、安全生产、创文、创卫、平安创建、民政优抚、精准扶贫、两违排查等工作到面对群众，为群众提供公共服务，如调解矛盾、各村小组村民事务、业主委员会的工作，等等，无论事情的大小，全都需要我们社区干部去落实，因此，我们社区的工作繁杂、琐碎，社区干部也非常的辛苦。

**笔者：** 面对这么烦琐、复杂的工作，每个社区15个社区干部能应付过来吗？

**朱书记：** 我们社区管辖6平方公里，社区常住人口3万多人，社区干部共15个，还有两个是聘请的合同工，除了文书和财务，其余人员被分成三组，同时我把社区分成三个片区，每个小组分管一个片区，并落实好网格包干工作。但日常工作，我们主要对接的是街道办的各个部门，每位社区干部都无法做到专人专岗，每位社区干部都身兼数职，比如同时需要负责安全生产、禁毒巡查、平安创建、维稳调解、征地工作等。我知道他们每天都忙得晕头转向，我也尝试过多种分工方式力求提高效率，但成效不大。如果遇到经济普查、人口普查或者是雷雨天气，我们就更加忙了，不单只要做平时的工作，还要负责做好普查工作，即使是加班加点，也很难把工作都完成好。

**笔者：** 您认为目前社区工作者队伍存在哪些问题及不足？

**朱书记：** 我认为目前社区工作者队伍最大的问题是薪酬问题。目前，全县社区干部工资由县统发，每月3000元，除此以外，五险一金仅买了养老险，很多社区干部对此非常不满，连基本的保障都无法满足。其次就是发展渠道的问题了，社区干部能向上发展的机会非常少，这也就打击了很多干部的积极性，原来许多年轻的社区干部在刚开始工作时都是怀着一颗干事创业的心，久而久之，发现上升渠道极少，他们的积极性也就受到了打击。

**笔者**：您认为造成这些问题的原因主要有哪些？可以从哪方面进行改进？

**朱书记**：我认为造成这个问题的原因主要是政府部门对社区的管理认识存在误区，总把社区当成政府的下属部门，事事都认为社区应该负责，每年都要签一大堆责任书。我认为不是这样的，社区是自治组织，作为为人民群众服务的组织，我们确实有义务提供公共服务，但不是政府的下属部门，可以以购买服务的形式协助政府部门开展工作。另一方面，政府部门对社区财政经费投入少，许多工作压下来，却没有相关的工作经费，都只能靠社区干部去完成。比如创文、创卫，应该下拨足够的环境卫生整治经费，如今经费不足，常常连铲"牛皮癣"等工作都要社区干部去完成。如果能按工作下拨相关的工作经费，专款专用，我们的工作会得到更好的统筹和安排。

**笔者**：在社区工作者队伍高质量建设方面，您有什么建议？

**朱书记**：现在社区工作者队伍中年轻人很多，对于年轻的干部来说，我认为最重要的有两个方面，一方面是教育培训，应该针对社区工作，提供更多的培训机会给年轻的干部，让他们的能力得到提升，专业服务水平得到提高；另一方面就是拓宽晋升的渠道，比如政府应对社区干部提供考公务员、事业编制人员倾斜的政策。

**笔者**：感谢朱书记的建议。在这里我想采访一下，咱们文书日常负责什么工作？

**文书**：日常我都是在社区大厅办公，负责给前来办事的群众开具相关的证明，同时还需要做好台账整理工作，比如禁毒、民政、党组织、创文、创卫、平安创建等相关台账。

**笔者**：您认为目前的工作强度合适吗？对目前的薪酬待遇满意吗？

**文书**：我负责的工作比较多，每天从上班开始忙到下班，还经常加班加点，尤其是遇到街道办或者县、市一级要下来检查，更是忙得不可开交，我感觉我每天做的这些台账都是为了应付检查，每天只是为了做这些台账，群众的服务工作都没时间去顾及，这远远偏离了我们的本职工作。在薪酬待遇方面，我认为我们的付出与收入是不对等的，而且连最基本的保障都没有。没有职工医保，工伤险等都没有，而且工资与县事业编比起来，相差甚远，我们社区工作者这个群体认为是非常没有保障的，我们也多次向街道办提意见，但这问题都没有得到解决。

**笔者**：在社区工作者队伍高质量建设方面，您有什么建议吗？

**文书**：我希望政府能加大对社区工作者的正面宣传，让群众对我们的认可程度更高，这对整个队伍的建设来说，我认为挺重要的，这有利于提高队伍的稳定性和凝聚力。其次就是提高社区工作者的专业能力，在日常工作中，我们时常也会感到力不从心，尤其是涉及法律、养老方面的专业知识，我们普遍比较缺乏，希望能够得到更丰富的学习机会，以提升自身的专业服务能力。

# 附录3 社区现状调查问卷

亲爱的朋友，您好：

　　这是一份学术性的问卷，希望能够获得您的支持与帮助。本次问卷调查的数据纯粹为学术研究所用，所得数据仅用于论文撰写，并严格予以保密，请您不必有任何顾虑。请您根据实际情况作答。

　　　　　　　　　　　　　　　祝您身体健康、工作顺利！

1. 您的性别是（　　）
   A. 男　　　　　B. 女
2. 您的年龄阶层是（　　）
   A. 20岁以下　　B. 20～35岁　　C. 36～60岁　　D. 60岁以上
3. 您的文化程度是（　　）
   A. 初中以下　　B. 高中（中专）　　C. 大专及以上
4. 您理解的社区是什么（　　）
   A. 生活场所　　　　　　　　B. 投资环境
   C. 一个归属性组织　　　　　D. 没认真考虑过　　　E. 其他
5. 您居住的小区有哪些管理机构（　　）
   A. 社区党委　　B. 居委会　　C. 服务工作站　　D. 物业公司
   E. 业委会　　　F. 房管部门　　G. 其他
6. 您认为社区党组织在社区治理中的作用的评价是（　　）
   A. 积极的作为核心角色　　B. 按部就班、例行公事　　C. 表现不显著
7. 您参加过小区的居民会议吗？对于居民会议制度了解有多少（　　）
   A. 经常参加，是个有用的制度　　B. 知道这个制度但很少参加
   C. 听说过，但觉得只是走形式　　D. 没有听说过这个制度
8. 您对社区的环境和秩序的总体看法（　　）
   A. 十分满意　　B. 比较满意　　C. 还行　　D. 不太满意
   E. 很不满意
9. 您所在社区工作人员的年龄阶层多为（　　）
   A. 20～35岁　　B. 36～50岁　　C. 50岁以上
10. 您在小区内跟邻居交朋友的情况（　　）
    A. 不闻不问　　　　　　　　B. 见面认识的熟人

C. 少有往来，偶尔互助　　　　D. 关系默契常聚会

11. 您参加过社区的一些集体活动吗（　　）

　A. 没有，不感兴趣

　B. 没有，个人事务太忙没时间

　C. 参加过一些社区的文体活动

　D. 在社区积极业主带领下有过维权活动

　E. 自己曾发起过业主委员会

　F. 对于关系社区公益的行动，都能积极配合

12. 对于社区事务，您的看法是（　　）

　A. 非常重要，值得投入精力和时间维护好社区生活的品质

　B. 虽然重要，但还有更重要的个人事情占据了注意力，腾不出时间去操心

　C. 不明白为什么要关心社区事务，谁爱关心谁去

　D. 多一事不如少一事，只要不侵犯自己的利益就行

13. 您觉得您在社区中的角色是什么（　　）

　A. 可忽略　　　　　　　　　　B. 社区服务被动的接受者

　C. 不很积极但关注　　　　　　D. 有主人翁意识和责任感

14. 您一般是通过怎样的渠道来了解社区情况的（　　）

　A. 小区宣传栏　　B. 社区举行活动　　C. 楼群黑板报　　D. 媒体宣传

　E. 门口贴的宣传通知　　F. 居委会　　G. 有关文件　　H. 上网查阅

　I. 其他_____（请注明）

15. 您在所居住社区（小区）参加文化活动方便吗（　　）

　A. 方便　　　　B. 比较方便　　　C. 不方便　　　D. 不了解

16. 您经常参加的社区活动（　　）

　A. 培训　　　　B. 各类讲座　　　C. 文化活动　　D. 体育

　E. 阅览　　　　　　　　　　　　F. 其他：_____

17. 您对社区开展的活动是否满意（　　）

　A. 满意　　　　B. 基本满意　　　C. 不满意

18. 社区内的留守儿童或孤寡老人是否有社区组织的社区照顾（　　）

　A. 有　　　　　B. 没有　　　　　C. 不知道

19. 您是否参加社区举办的法制宣传教育活动（　　）

　A. 经常参加　　B. 有时参加　　　C. 没有参加　　D. 社区没有举办

20. 您对近年来评选出的道德模范人物了解吗（　　）

　A. 了解　　　　B. 了解一些　　　C. 不了解　　　D. 不关心

21. 当别人遇到危险需要帮助时，您的态度是（未成年人不用作答）
（　　）

  A. 见义勇为        B. 寻求其他援助（如打 110 等）

  C. 想帮助但能力有限     D. 一走了之

22. 在社区组织的志愿服务、邻里互助、慈善捐助等活动中，社区党、团员是否能带头参与(　　)

  A. 都能参与        B. 多数人能参与

  C. 少数人能参与      D. 不清楚

23. 邻里遇到困难时，大家是否会相互帮助(　　)

  A. 会    B. 有时会    C. 不会     D. 不清楚

24. 您认为政府在社区治理中的作用是（多选题）(　　)

  A. 提供社会福利，构建社会保障体系

  B. 提供公安和司法秩序，做好守夜人即可

  C. 提供公共服务，越多越好

  D. 监管市场、规范合作秩序，打击违法乱纪行为

25. 您对社区治理还有哪些意见或建议？

基层治理中的公共性建构——基于广东城乡社区的经验观察与理论阐释

# 附录 4  对浸潭镇镇政府工作人员的访谈提纲

1. 被访谈者的基本情况。（姓名、职务等，访谈镇里分管村民理事会领导、负责民政事务的工作人员）

2. 清远市清新区在 2013 年发布过《清远市清新区关于培育和发展村民理事会的指导意见》，现在镇上各自然村建立村民理事会的数量、覆盖率以及建设情况如何。

3. 浸潭镇这几年在乡村建设和发展乡村旅游上获得的成绩，您认为这些成绩背后与当地建立村民理事会有关吗？

4. 镇党委、镇政府的各位领导在建立和完善每个自然村的村民理事会的发展上做了哪些工作？

5. 镇政府一般处理哪些与村民理事会相关的事务？村民理事会工作上遇到困难时是否会寻求镇政府的帮助？镇政府在推行政策或者措施时是否会发挥村民理事会的作用？

6. 像下迳村的邹××理事长，虎尾村的成××理事长，都是村民理事会的重要人物，您如何评价他们对当地发展的贡献？

7. 您如何评价下迳村的村民理事会，它与镇上其他自然村民理事会的效果对比。

8. 镇上的村民理事会在建设和完善过程中是否存在或出现过问题或者不足？

9. 在目前倡导"自治、德治、法治"相结合的乡村治理体系中，你遇到过什么困难，或者是哪一方面有所欠缺？村民理事会对三治结合是否有所帮助？具体在哪一方面？

10. 浸潭镇在 2015 年成立了浸潭慈善会，这几年的发展情况如何？

11. 浸潭镇取得这么多成绩，最成功的经验是什么？

12. 对乡村治理、乡村振兴和发展乡村旅游工作中的体会和感触。

## 附录5  对六甲洞村委会成员的访谈提纲

1. 被访谈者的基本情况。（姓名、职务等，负责村委会的哪部分工作）
2. 六甲洞村委会的主要成员有哪些，驻村干部类型？是否有大学生村官？
3. 六甲洞下辖22个自然村的村民理事会和党支部建设情况。
4. 村民理事会和村委会日常有哪些工作交流？村民理事会对村委会的工作是否有所帮助？而村委会对村民理事会的工作给予了哪些支持？
5. 在各村的乡村治理过程中，村民理事会发挥了哪些重要作用？
6. 在目前倡导"自治、德治、法治"相结合的乡村治理体系中，遇到什么困难？或者是哪一方面有所欠缺？村民理事会对三治结合是否有所帮助？具体在哪一方面？
7. 当地乡贤在乡村治理和村庄建设中做出的贡献。
8. 小华山风景区的建设和创收情况，是否带动了其他村的发展？发展乡村旅游是否促进了人才回流、人员回乡？
9. 六甲洞旅游综合体的建设情况和接下来的计划如何？
10. 当地的自然村很多都是同姓村，宗族性很强。管理这种宗族团结性村庄的利弊。
11. 村委会日常是否对村民理事会的工作进行了监督和引导？
12. 与下迳村合办的扶贫项目（稻田养蛙和木屋别墅）目前的发展情况。

基层治理中的公共性建构——基于广东城乡社区的经验观察与理论阐释

# 附录6 对下迳村村民理事会成员的访谈提纲

1. 被访谈者的基本情况。(姓名、年龄、职业,负责村民理事会的哪部分工作)

2. 村民理事会人员组成(人数,具体身份,年龄),2014年成立后人员是否流动过?

3. 成立村民理事会前后的村庄情况对比。

4. 村民理事会的具体运作,具体参与哪些事务?村民理事会的资金来源与用处。

5. 您参加村民理事会的初心是什么?为村民理事会做了哪些事情?

6. 村民理事会与党支部、经济发展合作社、村务监督委员会的关系。

7. 村民理事会在发展小华山风景区促进集体经济增收时做了哪些工作?

8. 这两年村庄修建了哪些公共场所,村民理事会发挥了哪些作用?

9. 是否建立过村规民约和村民理事会守则?是否建立了村庄守则?

10. 在促进村村民的交往上做了哪些工作?

11. 在促进乡风文明上做了哪些工作?

12. 小华山风景区最近的创收情况和建设情况。

13. 村庄的人员回乡就业情况,景区带动了多少名村民回村发展?

14. 在村民理事会的运作过程中是否遇到过困难?平时与村委会镇政府的联系如何?

15. 您认为目前村民理事会的发展还存在哪些不足?

## 附录7 对下迳村原村小组成员的访谈提纲

1. 被访谈者的基本情况。(姓名、年龄、职业,在村小组的职位)
2. 村小组的人员组成,村小组的原有人员是否会参加村民理事会?
3. 对村民理事会的评价。成立村民理事会后村庄的变化。
4. 原村集体收入情况与现在的对比。村集体资金的使用情况。
5. 原本村小组的日常工作一般是哪些?与现在村民理事会对比有何不同?
6. 村庄现在的建设情况。(公共场所、公共服务等)
7. 村民们是否更积极参与集体活动中?
8. 村民的交往与关系是否有变化?村风是否有转变?
9. 如何看待村民理事会修缮祠堂等团结村庄宗族的行为?
10. 您有小华山风景区的股份吗?对景区的发展是否看好?
11. 您觉得理事会的成员是否让人信服?是否为村庄建设出谋划策?
12. 您平时遇到困难或者与他人产生矛盾纠纷会寻求村民理事会的帮助吗?
13. 您认为目前村民理事会还存在哪些不足?

## 附录8  对下迳村村民的访谈提纲

1. 被访谈者的基本情况。(姓名、年龄、职业等)
2. 对下迳村村民理事会的评价。村民理事会成立前后村庄有哪些变化?
3. 是否有参与小华山风景区?去年分红了多少?对景区的入股方式是否赞同,是否看好景区的发展?
4. 对村民理事会开展的工作是否满意?是否寻求过村民理事会的帮助?
5. 您觉得村民理事会与原本的村小组和村委会有什么不同?
6. 如何看待村民理事会成员回乡帮助家乡发展?
7. 如果有机会,您是否会去参加村民理事会的竞选?
8. 您是一直在村庄居住还是最近刚回乡?您认为在村里居住是否舒适方便,村庄还有哪些方面有待改进?
9. 您认为村里是否有什么村规民约或约定俗成的规则对您的行为起到约束?
10. 近几年村子里进行过什么活动来联系宗族同村感情?
11. 是否积极参加村民大会和村庄的集体性活动?
12. 村民理事会的工作和财务是否做到公开公示?您平时会去关注吗?
13. 您认为目前村民理事会还存在哪些不足?

# 附录9 南粤古驿道沿线地区实地调研访谈材料

## 一、访谈资料201903ZYM
### 梅州市平远县八尺镇角坑村妇女主任ZYM的访谈摘要

1. 角坑村以"红色基因"而闻名,村里有哪些红色元素和红色资源?

答:角坑村位于梅州岃古驿道附近,粤赣两省的交界只有五公里左右,与江西省赣州市的寻乌县相邻。梅州平远县八尺镇有两条通往江西的古驿道,它们都是当年红色革命的传播之路,可谓是一片"星火燎原"的革命圣地。八尺镇附近的古驿道是红色政权传播之路,也是重要的中央红色交通线之一。其沿线特别是角坑村一带保留了马栏铺红军宣讲旧址、角坑村红军标语墙、雪风庵红色交通站、金溪交通站旧址、八尺事件遗址、排下红军标语墙、德士乡苏维埃政府旧址等红色遗址。

2. 当地村民以前如何看待这些红色资源和红色遗址?以往有没有开发利用过这些红色资源?

答:角坑村的地理位置比较偏远,以往村民的年均收入比较低,村民的心思都放在了务农或者出外打工方面。村民们天天都能看到这些红色遗址、红色资源,认为就是他们日常生活中的一部分,没有特别之处,所以也没有修复和利用的意识。

3. 以往村里的人居环境是怎样的?在各级基层政府的推动下,村里在经过了新农村建设之后,村容村貌发生了哪些巨大的改变?

答:以前村里的卫生环境较差,主要原因是村民家里的牲畜大多属于放养,鸡鸭鹅在村里随处可见,村民在环境卫生方面的意识比较薄弱。从2017年开始,在县和镇政府的帮助下,角坑村大力开展了"三清三拆三整治"工作,共丈量清拆面积超过两万平方米(经核实,具体数字为22226.4平方米),拆除危旧房接近一万平方米(经核实,具体数字为8636.3平方米),完成外立面改造158户,完成厕所改造11户,启动"三线"改造工程整治空中"蜘蛛网"。同时,政府鼓励乡亲们做好具有历史留存价值的老屋修缮保护,最大程度保持古村韵味。另外一个巨大的变化是入村道路的改造,角坑村对村道进行大规模的扩建,将原来5米宽的村道扩建到7米宽,可以供两台客车双向行驶。同时,村里整治了村道旁的水渠,完成了"三清三拆"和外立面改造,村容村貌焕然一新。

4. 当地村民如何看待公共设施建设和人居环境的改善?这种改善给村民

带来的最大的转变是什么?

答:现在角坑村变得很漂亮了,脏乱差现象已经绝迹。村民吃完晚饭都会出来散步。以前的村道只能容纳一辆客车单行,会车时很不方便。现在村民们都觉得道路宽敞了。角坑村通过古驿道的修复,提升了村民的环境保护意识,现在村里的道路都比较干净,对于角坑村产业和经济发展,村民们都是发自心底拥护和支持。

5. 伴随着南粤古驿道活化利用工作的推进,角坑村在村内红色资源的保护、挖掘和利用上,做了哪些工作?

答:红色文化资源如今成为八尺镇和角坑村发展的重要推动力。角坑村将闲置的旧校舍打造成一个占地 4000 平方米的红色文化党建阵地示范点,营造出浓郁的红色文化氛围。另外,村里还修缮了梅州岃古驿道的红色文化遗址,角坑村如今明确了以红色文化旅游为主题的乡村发展方向。慕名而来的游客越来越多,在村两委的帮助下,我也成为村里的红色文化旅游导游。每带一批游客,我能有大概 200 元的收入,一个月下来,也是一笔不错的收入。

## 二、访谈资料 201903ZG
### 梅州市平远县八尺镇镇长 ZG 的访谈摘要

1. 八尺镇连续两年举办南粤古驿道定向大赛和相关的活动,最大的变化是什么?

答:南粤古驿道定向大赛连续两年在八尺镇角坑村举办。八尺镇利用办赛的机遇,将古驿道基础设施进一步完善,同时也扎实做好角坑村的党建工作和乡村振兴工作,使之相互促进。借助连续办赛的机会,八尺镇以及角坑村全力推动乡村振兴与红色资源发掘保护相结合。截至目前,角坑村全村完成"三清三拆"80%以上,外立面改造 90% 以上,并修缮利用多处红色遗址,使村容村貌气象一新,农民生活今非昔比。

2. 八尺镇委和镇政府如何引导当地村民转变意识,充分挖掘利用南粤古驿道上的公共文化资源,走乡村振兴和发展的道路?政府主要发挥了哪些方面的作用,做了哪些具体工作?

答:八尺镇委和镇政府前期的党建工作帮助村民们树立了主人翁意识,从"要我干"转化为"我要干",齐心协力将三清三拆的"清拆"和古驿道文化遗产资源的"活化利用"结合在一起,建设美丽角坑、红色角坑,让昔日古驿道变成发展之路。有了行之有效的协作制度后,活化利用的工作开展起来变得事半功倍。此前的角坑村其貌不扬,卫生环境较差,能在数月内改头换面,是全村上下一心、群众热心支持的结果。最让我们受到鼓舞的是在新农村建设中,村民们主动捐让土地者不计其数,还自发募捐出 10 余万元支持村道拓宽工程。在这个过程中,镇委和镇政府主要发挥了引导的作用,八尺镇和角坑村能有今天的面貌,村民们的投入和付出功不可没。

3. 对于八尺镇和角坑村丰富的红色文化资源,镇委和镇政府有哪些保护和开发利用蓝图?在开发利用方面,如何整合各方面的资源,凝聚力量?

答:八尺镇委和镇政府重点以红军文化、古驿道文化、党建文化三个文化阵地做好工作,促进乡村建设。特色党建阵地、红色文化展厅、综合文化广场等建设完成后,不仅可以供党员干部、村民等进行学习培训,还可以方便游客近距离了解当地红色文化,并丰富村民生活。八尺镇正在活化利用这些红色资源,借助大赛将它们逐一打造,成为角坑村美丽乡村的特色。我们还计划将角坑村发展为红色文化宣传阵地,共计建设 3 家不同主题的红色展馆。角坑村的面貌发生翻天覆地的变化,群众也感到无比自豪。不少常年在外的老乡听闻角坑大变样,也纷纷回到家乡发展。

### 三、访谈资料201909ZGM
**清远市文化广电旅游体育局驻阳山县阳城镇水口村干部 ZGM 的访谈摘要**

1. 水口村有着丰富的历史文化遗产,县、镇等基层政府如何引导水口村开发和利用这些公共文化资源,打造公共文化产品,促进乡村经济的发展?

答:阳山水口秦汉古道是秦汉古道阳山段的一段,同时是水口秦汉古道的一条支线。历史上,水口是古驿道的驿站之一。在省政府提出相应的工作要求之后,阳山镇政府围绕古驿道的保护和活化工作也进行了大量的挖掘和调研。阳山水口秦汉古道是距离广州和珠江三角洲最近的古驿道之一,交通发达,保存完好,基本还处于原始的状态。通过发掘和修复,村附近水口古道上 80% 的青石板都依然保存完好。阳山县政府部门通过对古驿道的修缮和推广,吸引了省内外的游客。古驿道的保护和开发利用,带动了水口村的产业发展,也带动了乡村旅游的发展。水口村在 2017 年 3 月举办了第一届水口美食徒步节,向社会首次推出了阳山水口秦汉古道。从推广效果看,古道在旅游爱好者的圈子反响非常好,是市场化运作比较成功的典型。水口村后续还成立了水口古驿道接待中心。游客在水口游玩期间,发现当地农产品品质上佳。我们从 2017 年 3 月开始,每周两次发送农产品到清远和广州销售。活动的举办带动了农产品的销售,也提高了农民种植的积极性,形成了水口村以挖掘古驿道历史文化遗产带动乡村旅游,以乡村旅游带动农业等传统产业发展的趋势。

2. 作为市政府职能部门的驻村干部,您是如何发挥自己的优势和特长,帮助当地村民转变观念和认识?在上级规划部门的指导下,如何引导村民、村集体共同参与当地文化遗产资源的开发利用工作，走市场化的道路？

答：我是 2016 年 5 月来到阳山县阳城镇水口村驻村扶贫。水口村是一个省级重点贫困村，由广州发改委支援、清远市文广旅体局对口帮扶。我来到这里后，协助村集体结合当地农产品的特色，举办了一系列节庆活动如 12 月的水口的萝卜节、徒步节以及 6 至 9 月的香瓜节等。同时，我发现水口村的古驿道资源和历史文化都非常丰富。在县和镇政府的支持下，水口村在文化遗产的活化利用中，将水口秦汉古道建设与阳山韩愈文化、水口伏波将军文化有机结合。通过扩大古道文化与本地文化的融合和拓展，打造公共文化产品，将原来水口粮所的旧粮仓改造成水口秦汉古道博物馆，建立起全国首个在贫困村筹办的民间博物馆。博物馆属于公益性质，全年免费对外开放。博物馆的建立也是各级政府部门精准扶贫工作、利用古驿道文化遗产创造公共文化产品的良好体现。

3. 从精准扶贫和打造公共文化产品的角度看，建立水口秦汉古道博物馆的意义是什么？在建设过程中，水口村是如何整合各方面的资源？各级政府发挥了怎样的角色作用？

答：水口秦汉古道博物馆如今是水口秦汉古道重要的组成部分。在推广了水口秦汉古道以后，我们发现在古驿道的入口处正是水口旧粮所。旧粮所荒废了超过 20 年，在改造前是一个喷漆厂，污染非常严重，破烂不堪，而且已经停产。我们对博物馆的改造，完全是通过市场化手段运作。水口村的扶贫工作得到了社会上热心人士的关心支持，博物馆的展品全部来自社会人士的捐赠。这些社会人士的目的很明确，就是要支持乡村文化振兴。博物馆在 2018 年 7 月 7 日开馆，通过大家的努力，展品越来越多。上级政府部门在博物馆的筹建过程中，主要发挥了扶持和引导的角色。一开始，我们就得到了县政府的支持，解决了水口粮所的场地租赁问题。在上级政府部门的建议和引导下，博物馆成为水口村的新兴热门旅游景点，还带动了周边的消费和一批当地村民的就业，在博物馆工作的村民人均年收入有近两万元。通过这几项举措，博物馆真正发挥了带动乡村发展的作用，形成一种新的产业。

**四、访谈资料 201810DBB**
**河源市连平县大湖镇委书记 DBB 的访谈摘要**

1. 大湖镇政府在挖掘保护公共文化遗产和打造公共文化、教育产品等方面，做了哪些具体的工作，成效如何？

答：借助举办定向大赛的契机，大湖镇积极推动当地公共文化遗产的修复保护和利用。南粤古驿道定向大赛在大湖镇具有 300 多年历史的古村油村村举办。2018年上旬,大湖镇政府决定对油村村的百年围龙屋——何新屋进行一次全面修缮。省有关部门在修缮和翻新时,发掘出一批来自清朝乾隆、嘉庆、道光、咸丰四个时期的契约。经过文博专家、大湖镇政府工作人员和当地村民现场清点,共计144张。这批契约对研究我国古代契约文化、人文历史等,有着重要价值。大湖镇从打造公共文化产品的角度,举办了契约展览,在当时引起了巨大的轰动。大湖镇政府现已做好了规划方案,计划将这批重见天日的清代契约申报为省级文物乃至国家级文物,并争取上级资金支持,力争在何新屋开设一个广东河源契约专题文化展馆,免费提供给当地市民和外地游客观赏。

2. 大湖镇如何以南粤古驿道定向大赛为契机,实现驿道活化、定向赛事举办、乡村公共环境改造、基础设施建设以及全域旅游品牌打造等工作的结合?政府如何发挥宣传引导的作用和营销职能?

答:大湖镇拥有丰富的历史人文资源、红色资源、古村落资源和生态农业资源。根据自身的资源禀赋,从规划制定上判断,大湖镇具备了发展乡村旅游,休闲观光农业基础的。我们在大湖寨打造了莲藕池塘和四季花海,这也是大湖镇探索土地连片利用的示范点。为更好地满足当地村民的发展需求,结合"不忘初心、牢记使命"主题教育,大湖镇围绕"抓乡村旅游,促增收致富,助乡村振兴"开展整改落实,举办爱心扶贫集市、磐石家宴等品牌活动,带领村民脱贫致富。通过以优质的生态资源、丰厚的红色底蕴和客家文化,为粤港澳大湾区居民提供优质的乡村旅游产品,同时带动乡村餐饮、民宿和特色农产品的销售,助力脱贫攻坚和乡村振兴。我们依托粤赣古道打造出核心旅游路线,实现了驿道活化、定向赛事、公共文化产品的打造、乡村公共环境改造、基础设施建设以及全域旅游品牌等元素的完美结合,也帮助村民实现了增收。我们希望通过活动的开展,在带来客流和资金流的同时,更为我们带来思想上的交换。我们希望激活群众的市场意识,激发我们的内生动力。

3. 如何产生乡村千人晚宴的构想?大湖镇政府如何借助举办千人晚宴,改善当地乡村的基础设施建设和人居环境?

答:南粤古驿道定向大赛期间,大量的外地游客和选手来到大湖镇。我们希望更好地宣传、推介大湖老区的客家美食,带动当地红色生态旅游、体育等产业的发展,所以萌生了千人宴的想法。我们在大湖寨宗祠前的一口半月环形大鱼塘的塘基边设置会场,在半月环形的塘基上开筵120多席,用本地最有特色的客家菜——"老八碗",盛情招待来自四面八方的客人。以这次千人宴为契机,镇政府也着力改善了大湖寨的人居环境,主要拓宽了村内的道路,增设照明灯光,在田里种起了格桑花,使村容村貌焕然一新,并推广传统农家食品如客家黄酒、番薯干等。通过镇政府的这一系列举措,村民们也得到了实惠。

4. 在推动公共文化遗产的活化利用、提升乡村社会经济效益、提高村民收入、实现乡村振兴等工作上，镇委和镇政府的功能和角色应该如何定位？

答：大湖镇委和镇政府确立了"红色+生态农旅"融合思路，并运用"行政+市场"两种资源。在实际工作中，政府注重对村民的引导，培养成本收益的观念，通过发挥资源优势，提升乡村社会经济效益，拉动大湖的乡村旅游、休闲观光，实现乡村振兴。大湖寨的千人晚宴就是当地村民们一起参与筹备的，带旺了旅游人气、壮大了村集体经济，助力实现精准脱贫、乡村振兴。一场千人晚宴可以获得8～10万元的收益，活动所得收益均用于支持村级公益事业和开展精准扶贫项目。我们以乡村千人晚宴这个品牌和平台将文化遗产展示与活化、农产品销售以及全域旅游等方面结合在一起，吸引外界的关注。通过政府发挥引导和服务的功能，有助于培育村民的市场意识，为乡村增强自身的造血功能。

**五、访谈资料201912CWZ**
**韶关市乳源县大桥镇委书记CWZ的访谈摘要**

1. 大桥镇曾经在2018年和2019年连续两年举办南粤古驿道定向大赛，一年多的时间，大桥镇的面貌有了巨大的改变，当地乡村的村容村貌焕然一新，历史文化遗址也得到了修葺。大桥镇的政府部门在这一过程中，做了哪些具体的工作？

答：2017年大桥镇镇区范围内的饭店不足十间，日客流量不超百人。2018年，大桥镇以承办南粤古驿道定向大赛为契机，有效利用省专项政策和经费，积极争取市级补助资金，完成西京古道五里桥段、猴子岭段的保护修复工作。观澜书院等历史遗存焕发新颜，古老的通济桥实现连通。杨溪河大桥段的河堤整治取得新突破，成为老百姓休闲散步的好去处，也是拍照游玩的"网红"景点。大桥镇从环境的改造着手，结合西京古道，打造古道、古村、古树、古名人、古书院等拥有"八古文章"的乡村旅游品牌，带动地方产业的发展。

2. 农村基础设施建设、人居环境和公共卫生环境的改善，给村民们带来了怎样的利益？

答：大桥镇镇区有了新的变化，关键作用是"139"镇街提升工程的推动。在实施过程中，结合镇村实际，制定了"一个规划、三项整治、九项基础工程"的方案，按"县领导统筹、部门联动配合、镇村综合协调"的工作方法。经过一年多时间的奋斗，原来杂乱无章的镇区，如今成为自然美丽的"古道风情小镇"。镇委、镇政府把"139"镇街提升作为民生工程，用心用力抓实抓好，让老百姓得到益处。在没有整治环境卫生之前，大桥镇的村容村貌可以用

"脏、乱、差"来形容，如村前屋后垃圾满地，臭气满巷熏。为彻底改变这一现状，镇委、镇政府按照"望得见山、看得见水、留得住乡愁"的理念，拆除了破旧泥砖房 6000 多平方米，修建排水排污沟渠 5 公里，铺设村道、巷道、街道约 1.5 公里，修建河堤 1.2 公里，绿化镇区面积 1 万平方米。至此，全镇的农村人居环境和公共卫生环境都得到了极大的改善。

3. 围绕南粤古驿道定向大赛带来的辐射力和影响力，大桥镇如何整合自身优势资源，打造全域旅游品牌，促进乡村社会经济效益的提升？

答：南粤古驿道定向大赛所带来的影响力超出我们的预料。2018 年 8 月的定向大赛举办期间，我们通过举办禾花鱼节、古书院文化展等古驿道系列活动，吸引了游客 5 万多人，创造经济收益 2500 多万元。这场比赛过后，大桥从一个没有游客、没人知道的小镇，变成一个网红镇。每天都有几百人来，2018 年国庆黄金周平均每天接待游客高达两千人次。在一年多的时间里，大桥镇已吸引了全国各地游客共计 200 多万人次来古道及周边景区旅游观光。前来西京古道徒步、旅游的游客不断增多，大桥镇民宿、农家乐、餐饮店如雨后春笋般兴起，花生、豆腐、香芋、南瓜等当地特色农产品备受游客青睐。自举办定向大赛以来，当地新增民宿、农家乐、餐饮店近 300 余家，带动了当地服务业和农副业的发展。

# 附录10 综合社会调查村民（居民）访谈提纲

1. 被调查者的基本情况（包括年龄、性别、文化程度、政治面貌、婚姻状况等）
2. 您家里有几口人？分别是做什么工作的？都住在村里吗？
3. 您家庭的主要收入有哪些？支出主要花在哪些方面？
4. 您是否有土地？有多少土地？土地的用途有哪些？
5. 您及家人是否有股份和分红？多少股？分红是按年分还是按月分？每次分多少？
6. 村里的股份是怎么划分的？有股份要具备什么样的条件？
7. 您去村委会办过事吗？经常去村委哪些部门办事？对村委有了解吗？
8. 您是否参加过村里的选举？是否有投票？村里的选举流程是怎样的？你怎样看待选举这个活动？选举的结果您满意吗？
9. 您有参加村民会议或村民代表会议吗？对村民会议的举办效果有什么看法？有跟别人评议过村中事务吗？
10. 您有留意过村委的公告栏吗？对村务和财务公开有什么看法？
11. 您对村委做过哪些决定有觉得不满的时候？您有没有提出过异议？如果有，那得到合理解决了吗？
12. 您怎么看待村"两委"的关系？您怎么评价村干部的做事能力？
13. 您觉得村子的环境状况如何？治安状况如何？
14. 现在在村子居住的大都是哪些人？村里人是否有搬走的情况？
15. 这个村子里主要有几大姓氏？哪个姓氏的人比较多？是否都有祠堂？是否每年都有祭祀活动？外地人是否可以进入祠堂？
17. 村里有什么特色的文化或传统？政府有没有参与到这些文化活动中来？
18. 您觉得现在村子最需要解决的问题有哪些？

# 附录11　公共文化空间建构的内生性障碍访谈提纲（政府部门）

您好！乡村文化的建设对于社会的发展具有重要意义。本次访谈主要是想了解乡村文化建设的现状以及建设过程中存在的问题，希望得到您的支持，谢谢您的参与及配合！

1. 本镇在实施乡村振兴战略中的亮点有哪些？在乡风文明建设方面的亮点有哪些？乡风文明现状发生了怎样的变化？
2. 在进行乡村文化建设时，具体是如何开展的？当前文化建设取得了哪些成效？还存在哪些阻碍因素以及不足之处？
3. 针对文化建设实施的具体政策有哪些？实施的效果怎么样？村民反应如何？在实施过程中遇到什么阻力或问题？
4. 乡村传统道德规范对村民行为的作用程度如何？当前乡村道德状况怎样？
5. 在传统乡村走向现代乡村的过程中，本镇是如何实现传统资源、传统文化的保护与现代新农村建设的协调发展？
6. 每年有哪些文化资源项目下到基层？实施的效果怎么样？
7. 当前文化建设工作还存在哪些难点？下一步工作计划和重点是什么？

## 附录12　公共文化空间建构的内生性障碍访谈提纲（村委会）

您好！乡村文化的建设对于乡村社会的发展具有重要意义。本次访谈主要是想了解乡村文化建设的现状以及建设过程中存在的问题，希望得到您的支持，谢谢您的参与及配合！

1. 长期居住在村子的有多少人？外出务工人员有多少？多久回村一次？平时对村里文化建设活动参与程度如何？
2. 传统节日村子会举办哪些集体性活动？村民具体参与情况怎么样？风俗习惯有哪些？传承和发展情况如何？
3. 村子里是否有历史遗留下来的古建筑或古遗迹等？目前保存情况如何？是否有传统工艺或传统文艺等艺术形式？传承情况如何？
4. 村民经常性的文娱活动主要有哪些？都是如何组织开展的？村民反映怎样？
5. 是否有专门的图书室、文化室或文化活动广场等基础设施？平时都是谁负责管理？这些基础设施的利用情况如何？
6. 乡村文化宣传教育是如何实施的？如何调动村民参与文化建设的积极性？
7. 当前文化工作还存在哪些难点？下一步工作计划和重点是什么？

## 附录13 《公共文化空间建构的内生性障碍》访谈提纲（村民）

您好！乡村文化的建设对于乡村社会的发展具有重要意义。本次访谈主要是想了解乡村文化建设的现状以及建设中存在的问题，希望得到您的支持，谢谢您的参与及配合！

1. 您的年龄、民族？家庭成员的文化程度？
2. 您所在村子的文化氛围怎么样？传统文化风俗习惯有哪些？您认为传统文化（例如风俗、工艺、曲艺等）在当前还有继承和发展的必要吗？理由是什么？
3. 您在空闲时间的休闲娱乐方式主要有哪些？所在村子举办文化娱乐活动主要有哪些形式？您会参加吗？您觉得举办这些活动有哪些好处？
4. 您家里是否有网络电视、电脑或智能手机？每天使用这些设备的时间大概多久？相比于文化娱乐活动，您更喜欢哪种方式？原因是什么？
5. 您是否去过村里的图书室、文化室或文化活动广场等休闲娱乐场所？您认为这些基础设施有哪些作用？
6. 您认为乡村文化的建设需要哪些人参与？在这个过程中，您觉得自己处于何种地位？应该发挥什么样的作用？
7. 您认为乡村文化建设还有哪些方面需要改进？今后该如何推动乡村文化发展？

# 参考文献

[1] 埃米尔·涂尔干. 社会分工论[M]. 渠东, 译. 北京: 生活·读书·新知三联书店, 2005.

[2] 白现军, 张长立. 乡贤群体参与现代乡村治理的政治逻辑与机制构建[J]. 南京社会科学, 2016 (11).

[3] 班固. 汉书[M]. 北京: 中华书局, 1962.

[4] 陈柏峰. 富人治村的类型与机制研究[J]. 北京社会科学, 2016 (9).

[5] 陈刚, 魏泽雯, 吴清, 陈佳玲, 侯佩. 贫困山区乡村旅游扶贫优化模式: 基于广东两个村的分析[J]. 广东农业科学, 2020, 47 (1).

[6] 陈家喜. 论城市社区建设中的居民参与: 以昆明市S社区居委会为例[J]. 学术探索, 2003 (6).

[7] 陈寿. 三国志[M]. 北京: 中华书局, 1959.

[8] 陈宗章. 城市社区"共同体意识"的现代性解构及其重建[J]. 理论导刊, 2010 (3).

[9] 党国英. 我国乡村治理改革回顾与展望[J]. 社会科学战线, 2008 (12).

[10] 道格拉斯·C. 诺思. 制度、制度变迁与经济绩效[M]. 杭行, 译. 上海: 上海人民出版社, 2014.

[11] 丁秋玲, 张劲松. 改革开放40年来乡村孝文化变迁过程的认同与振兴[J]. 学习论坛, 2018 (10).

[12] 丁阳. 汉代教化对民间舆论的导向作用[D]. 广西师范大学, 2012.

[13] 董运生, 张立瑶. 内生性与外生性: 乡村社会秩序的疏离与重构[J]. 学海, 2018 (4).

[14] 杜力. 重构乡村共同体: 项目进村与乡村社会公共性再生产[J]. 宁夏党校学报, 2020 (1).

[15] 杜赞奇. 文化、权力与国家: 1900—1942年的华北农村[M]. 南京: 江苏人民出版社, 2003.

[16] 范晔. 后汉书 [M]. 北京：中华书局，1965.

[17] 斐迪南·滕尼斯. 共同体与社会 [M]. 林荣远，译. 北京：商务印书馆，1999.

[18] 费孝通. 居民自治：中国城市社区建设的新目标 [J]. 江海学刊，2002（3）.

[19] 费孝通. 乡土中国 [M]. 北京：北京出版社，2005.

[20] 费孝通. 中国士绅 [M]. 北京：外语教学与研究出版社，2011.

[21] 费正清. 中国：传统与变迁 [M]. 陈仲丹，等，译. 南京：江苏人民出版社，2012.

[22] 付翠莲. 我国乡村治理模式的变迁、困境与内生权威嵌入的新乡贤治理 [J]. 地方治理研究，2016（1）.

[23] 高红. 城市基层合作治理视域下的社区公共性重构 [J]. 南京社会科学，2016（6）.

[24] 葛学浦. 华南的乡村生活：广东凤凰村的家族主义社会学研究 [M]. 周大鸣，译. 北京：知识产权出版社，2012.

[25] 谷玉良. 转型社区公共性变迁及其治理研究 [J]. 宁夏社会科学，2018（4）.

[26] 顾炎武. 日知录集释 [M]. 上海：上海古籍出版社，2006.

[27] 郭夏娟，秦晓敏. "三治一体"中的道德治理：作为道德协商主体的乡贤参事会 [J]. 浙江社会科学，2018（12）.

[28] 郭湛. 社会公共性研究 [M]. 北京：人民出版社，2009.

[29] 郭正林. 乡村治理及其制度绩效评估：学理性案例分析 [J]. 华中师范大学学报（人文社会科学版）. 2004,（4）.

[30] 哈贝马斯. 公共领域的结构转型 [M]. 上海：学林出版社，1999.

[31] 汉娜·阿伦特. 人的条件 [M]. 上海：上海人民出版社，1999.

[32] 何双全.《汉简乡里志》及其研究 [C]// 甘肃省文物考古研究所. 秦汉简牍论文集. 兰州：甘肃人民出版社，1989.

[33] 贺雪峰. 村治的逻辑 [M]. 北京：中国社会科学出版社，2009.

[34] 贺雪峰. 乡村治理研究的三大主题 [J]. 社会科学战线，2005（1）.

[35] 贺雪峰. 新乡土中国 [M]. 北京：北京大学出版社，2013.

[36] 贺雪峰. 最后一公里村庄 [M]. 北京：中信出版社，2017.

[37] 胡鹏辉，高继波. 新乡贤：内涵、作用与偏误规避 [J]. 南京农业大学学报（社会科学版），2017（1）.

[38] 胡群英. 社会共同体公共性重建 [M]. 北京：知识产权出版社，2013.

[39] 黄平,王晓毅. 公共性的重建：社区建设的实践与思考[M]. 北京：社会科学文献出版社,2011.

[40] 黄晓莉. 中国百年乡村建设的历史沿革与有效性初探[J]. 行政管理改革,2021(3).

[41] 黄宗智. 华北的小农经济与社会变迁[M]. 北京：中国书局,2009.

[42] 孔繁斌. 公共性的再生产：多中心治理的合作机制建构[M]. 南京：江苏人民出版社,2012.

[43] 李德虎. 城乡接合部转型社区治理中政府角色的困境与调适[J]. 内蒙古社会科学,2016(5).

[44] 李建兴. 乡村变革与乡贤治理的回归[J]. 浙江社会科学,2015(7).

[45] 李宁. 乡贤文化和精英治理在现代乡村社会权威和秩序重构中的作用[J]. 学术界,2017(11).

[46] 李培林. 巨变：村落的终结：都市里的村庄研究[J]. 中国社会科学,2002(1).

[47] 李文钊,张黎黎. 村民自治：集体行动、制度变迁与公共精神的培育：贵州省习水县赶场坡村组自治的个案研究[J]. 管理世界,2008(10).

[48] 李晓斐. 当代乡贤：地方精英抑或民间权威[J]. 华南农业大学学报（社会科学版）,2016(4).

[49] 李友梅,肖瑛,黄晓春. 当代中国社会建设的公共性困境及其超越[J]. 中国社会科学,2012(4).

[50] 李禹阶. 秦汉社会控制思想史[M]. 北京：中国社会科学出版社,2017.

[51] 李宗桂. 汉代礼治的形成及其思想特征[J]. 哲学研究,2007(10).

[52] 蔺雪春. 当代中国村民自治以来的乡村治理模式研究述评[J]. 中国农村观察,2006(1).

[53] 刘厚琴. 汉代伦理与制度研究[M]. 北京：中国社会科学出版社,2008.

[54] 刘建,吴理财. 政府嵌入：村落秩序与村民集体行动：村落治理结构转换的路径及逻辑：基于赣南G村道路修建事件的分析[J]. 南京农业大学学报（社会科学版）2017,17(5).

[55] 刘义强,黄上真. 从路径依赖到情境依赖：宗族乡村治理格局的适应性演化：基于广东省3个宗族村庄案例的实证分析[J]. 云南行政学院学报,2021(1).

[56] 吕思勉. 秦汉史[M]. 上海：上海古籍出版社,2016.

[57] 罗伯特·帕特南. 使民主运转起来：现代意大利的公民传统[M]. 王列, 赖海榕, 译. 南昌：江西人民出版社, 2001.

[58] 马克斯·韦伯. 新教伦理与资本主义精神[M]. 北京：北京大学出版社, 2012.

[59] 曼瑟尔·奥尔森. 论集体行动的逻辑[M]. 陈郁, 郭宇峰, 李崇新, 译. 上海：上海人民出版社, 2011.

[60] 莫里斯·弗里德曼. 中国东南的宗族组织[M]. 陈晓春, 译. 上海：上海人民出版社, 2002.

[61] 莫艳清. 社区精英与村落共同体再造[M]. 北京：社会科学文献出版社, 2017.

[62] 钱杭. 宗族问题：当代中国农村研究的一个视角[J]. 社会科学, 1990 (5).

[63] 沈费伟, 刘祖云. 发达国家乡村治理的典型模式与经验借鉴[J]. 农业经济问题, 2016 (9).

[64] 舒隽. 乡村治理变迁与新乡贤的当代表达[J]. 浙江工商大学学报, 2018 (9).

[65] 孙敏. 乡贤理事会的组织特征及其治理机制：基于清远市农村乡贤理事会的考察[J]. 湖南农业大学学报（社会科学版）. 2016. (6).

[66] 谭炳才, 陈嘉伟. 广东乡村治理模式的选择与思考[J]. 广东经济, 2019 (6).

[67] 谭清华. 谁之公共性？何谓公共性？[J]. 理论探讨, 2014 (4).

[68] 唐文玉. 社会组织公共性：价值、内涵与生长[J]. 复旦学报（社会科学版）, 2015 (3).

[69] 田毅鹏, 吕方. 社会原子化：理论谱系及其问题表达[J]. 社会学理论与方法研究, 2010 (5).

[71] 王权典, 杜金沛, 李建. 广州白云寮采村治创新"村民理事会"之范例分析[J]. 南方农村, 2018 (1).

[71] 王毓铨. 汉代"亭"与"乡""里"不同性质不同行政系统说："十里一亭……十亭一乡"辨正[J]. 历史研究, 1954 (2).

[72] 王中华, 刘宇丽. 村民理事会的基层治理功能及其完善策略[J]. 山西农业大学学报（社会科学版）, 2014 (11).

[73] 吴理财. 公共文化服务体系研究述评[J]. 理论与改革, 2011 (1).

[74] 吴理财. 公共性的消解与重建[M]. 北京：知识产权出版社, 2015.

[75] 吴理财, 龙海平. 打造自治、参与、合作的共同体：美丽乡村视阈

下的公共性问题[J]. 国家治理, 2016 (1).

[76] 吴理财. 论个体化社会的公共性建设[J]. 探索与争鸣, 2014 (9).

[77] 吴理财. 农村社区认同与农民的行为逻辑：对新农村建设的一些思考[J]. 经济社会体制比较, 2011 (3).

[78] 吴理财, 杨刚, 徐琴. 新时代乡村治理体系重构：自治、法治、德治的统一[J]. 云南行政学院学报, 2018 (4).

[79] 夏国锋. 村庄公共生活：历史变迁与外力形构[J]. 甘肃行政学院学报, 2010 (5).

[80] 项继权, 鲁帅. 中国乡村社会的个体化与治理转型[J]. 青海社会科学, 2019 (5).

[81] 项继权, 王明为. 村民小组自治的实践及其限度：对广东清远村民自治下沉的调查与思考[J]. 江汉论坛, 2019 (3).

[82] 萧公权. 中国乡村：论19世纪的帝国控制[M]. 上海：上海出版社, 2014.

[83] 肖瑛. 重建公共性的核心议题：转型期个人主义与公共性建设的关系探讨[J]. 人民论坛, 2014 (4).

[84] 胥永强. 论作为"生活共同体"的村庄[J]. 贵州民族大学学报（哲学社会科学版）, 2015 (3).

[85] 徐晓全. 新型社会组织参与乡村治理的机制与实践[J]. 中国特色社会主义研究, 2014 (4).

[86] 徐勇. 村民自治的成长：行政放权与社会发育：1990年代后期以来中国村民自治发展进程的反思[J]. 华中师范大学学报（人文社会科学版）, 2005 (2).

[87] 徐勇, 郝亚光. 让自治落地：厘清农村基层组织单元的划分标准[J]. 探索与争鸣, 2015 (9).

[88] 徐勇. 我国乡村政治与秩序[M]. 北京：中国社会科学出版社, 2012.

[89] 徐勇, 吴记峰. 重达自治：连接传统的尝试与困境：以广东省云浮和清远的探索为例[J]. 探索与争鸣, 2014 (4).

[90] 徐勇. 县政、乡派、村治：乡村治理的结构性转换[J]. 江苏社会科学, 2002 (2).

[91] 徐勇. 现代国家的建构与村民自治的成长：对中国村民自治发生与发展的一种阐释[J]. 学习与探索, 2006 (6).

[92] 徐勇, 赵德健. 找回自治：对村民自治有效实现形式的探索[J].

华中师范大学学报（人文社会科学版），2014（4）.

[93] 徐勇，周青年."组为基础，三级联动"：村民自治运行的长效机制：广东省云浮市探索的背景与价值[J]. 河北学刊，2011（9）.

[94] 阎云翔. 私人生活的变革：一个中国村庄里的爱情、家庭与亲密关系1949—1999 [M]. 上海：上海书店出版社，2006.

[95] 阎云翔. 中国社会的个体化 [M]. 上海：上海译文出版社，2012.

[96] 原超. 新"经纪机制"：中国乡村治理结构的新变化：基于泉州市A村乡贤理事会的运作实践 [J]. 公共管理学报，2019（2）.

[97] 张法. 主体性、公民社会、公共性：中国改革开放以来思想史上的三个重要观念 [J]. 社会科学，2010（6）.

[98] 张桂芳. 试论转型期农村社区文化建设 [J]. 兰州学刊，2004（5）.

[99] 张江华. 卡里斯马、公共性与中国社会 [J]. 社会，2010（5）.

[100] 张静. 现代公共规则与乡村社会 [M]. 上海：上海书店出版社，2006.

[101] 张乐天. 告别理想：人民公社制度研究 [M]. 上海：东方出版中心，1998.

[102] 张良. 村庄公共性生长与国家权力介入 [J]. 中国农业大学学报（社会科学版），2014（3）.

[103] 张亚鹏，张建明. 转型社区的治理困境与对策探微 [J]. 北京行政学院学报，2016（4）.

[104] 张兆成. 论传统乡贤与现代新乡贤的内涵界定与社会功能 [J]. 江苏师范大学学报（哲学社会科学版），2016（4）.

[105] 张志旻，赵之奎，任之光. 共同体的界定、内涵及其生成：共同体研究综述 [J]. 科学学与科学技术管理，2010（10）.

[106] 赵旭东，辛允星. 权力离散与权威虚拟：中国乡村"整合政治"的困境 [J]. 社会科学，2010（6）.

[107] 赵晔. 两汉时期自然灾害与社会救灾的统计分析 [J]. 中国统计，2014（1）.

[108] 折晓叶. 村庄的再造：一个"超级村庄"的社会变迁 [M]. 北京：中国社会科学出版社，1997.

[109] 钟涨宝，狄金华. 从主体到规则的转向：中国传统农村的基层治理研究 [J]. 社会学研究，2014（5）.

# 后　　记

不经意间，岁月悄悄溜走。2010年年底我入职华南理工大学公共管理学院，至今已十多年。生性愚钝，无甚建树。其间，在从事制度史和思想史教学研究的同时，我勉力完成了两方面的学院人才培养工作：一是在范旭教授、方俊教授等的信任和帮助下，承担了组织行为学、公共部门人力资源管理这两门本硕管理学课程的教学。二是从培养2010级第一个MPA（公共管理硕士）、2013级第一个学术型硕士研究生至今，先后培养了50余名硕士研究生。

回想起这些研究生的培养过程，充满了感慨。鉴于学科边界与方法差异，生怕耽误了各位才俊的成长，误了学生们的大好前程。好在我一直对我的学生说，要破除藩篱，不囿于自己导师的知识体系。所以，我的学生是比较辛苦一些的。在我的主张建议下，需要尽可能多方听课，汲取知识。譬如，2018级硕士陈增瑜同学甚至远赴成都，进行方法论的学习，回来后在同学当中进行了无私分享。

强烈的问题意识与现实关怀是学术研究者所秉承的原则，所以我非常着意于学生的选题工作。多年来，中央一号文对"四农"问题的持续关注，以及"五位一体"总体布局下，各级党委政府社会治理和社会建设的政策驱动，基层治理公共性问题理所当然进入了我们的学术视野。这也是我们公共管理学科教学研究理应涵盖的内容。

为了完成公共性建构理论关照下的相关论题的研究，学生们都非常投入。我的学生张丹凤、朱晓纯读书非常勤奋，不畏阅读理论文本的寂寞，甘于坐下

后记

来。而解东、黄婧妍也是扎根基层、深入居民和社工之中,做实证调查,万分投入。这种经历和过程,对于我们的研究来说是绕不开的。

付出终有回报。我们的研究得到了学院办公室、各调研对象基层党政部门的大力支持,取得了良好的研究成果。我们的研究围绕城乡基层治理中的公共性问题得以展开,力图总结广东省的经验智慧,推动其他省域基层社会治理和建设,为我国城乡社会发展提供智力支持。

本书在编写过程中,我的硕士生陈佩瑜、梁瑜、张昕三位同学核校了相关文献。研究、写作、出版过程受到诸多在基层一线工作的朋友们的关注,也得到了学院李胜会、黄岩两位院长和周勤书记等党政领导的照拂。在此一并感谢。

吴业国

2021 年 7 月于五山